Leipzig Hauptbahnhof
Geschichte und Geschichten

Für Martina

Herold Hofmeister
Harald Adler

Leipzig Hauptbahnhof

Geschichte und Geschichten

FORUM VERLAG LEIPZIG

Mit * gekennzeichnete Worte werden im Anhang erklärt.

ISBN 3-86151-059-6

1. Auflage 1994

Buch-Gesellschaft mbH
Umschlaggestaltung: Matthias Dittmann
unter Verwendung eines Fotos von Matthias Hoch
Gesamtherstellung: Druckerei zu Altenburg GmbH

Inhalt

VORGESCHICHTE

Folgt man der Festrede von Baurat Erich Rothe, Vorstand des Königlich Sächsischen Neubauamtes Leipzig, vorgetragen zur Schlußsteinweihe im Hauptbahnhof Leipzig am 4. Dezember 1915 vor den »Ehrwürdigen Exzellenzen und den hochverehrten Herren«, so konnte man an eben dieser Stelle auf eine mehr als 78jährige Eisenbahngeschichte, die prägend für die Entwicklung in Deutschland war, zurückblicken.

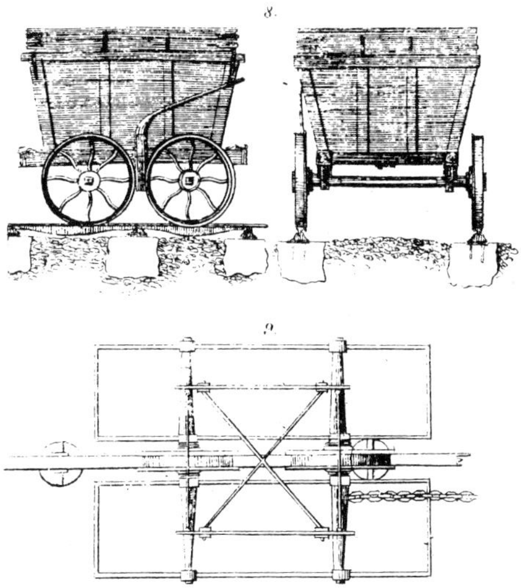

Eisenbahnwagen, Anfang 19. Jahrhundert

Die Entstehung der modernen Schienenbahn war eng mit dem Bergbau verbunden. Schon 1535 kamen sogenannte Grubenhunte (kleine zweiachsige Wagen, die auf Schienen liefen) in deutschen Kohlenbergwerken zum Einsatz. 1650 verkehrten in England bereits Spurbahnen zwischen Steinbrüchen, Kohlengruben und Häfen. Sie liefen auf Holzschienen, die mit hölzernen Dübeln auf Schwellen gleichen Materials angebracht waren. Besonders beanspruchte Stellen befestigte man mit Eisen. Die von Pferden gezogenen Wagen hatten gußeiserne Rollen mit einem Spurkranz.

Die Pioniere des Eisenbahnbaus waren in England zu Hause. Ein erster entscheidender Fortschritt wurde erzielt, als das Hüttenwerk in Coalbrookdale eine große Menge gußeiserner Platten nicht verkaufen konnte und sie deshalb als Belag für eine eigene Werkbahn verwendete. 1776 erhielten die Platten eine Spur. Zum ersten Mal war eine Art »Eisen-Bahn« geschaffen worden. Zunächst bestand sie aus in Gußeisen ausgeführten 1–1,5 m langen Schienenstücken, die ab 1808 in Schmiedeeisen hergestellt wurden. Als gewalzte Schienen bildeten sie einen wichtigen Schritt auf dem Weg zum Eisenbahnverkehr.

Entscheidend war auch die Erfindung der Dampfmaschine. Hier erfolgte der Durchbruch gleichfalls im ökonomisch am weitesten entwickelten England. 1781 erhielt James Watt ein Patent für eine bewegliche Dampfmaschine. 1804 konstruierte der englische Ingenieur Richard Trevithick seinen hochrädrigen Dampfwagen. Trotzdem sollten noch fast 20 Jahre vergehen, bis der erste Schienenzug konstruiert und gebaut wurde.

So ging von England ein Umbruch aus, wie ihn die Menschheit bis dahin noch nicht gekannt hatte. Die industrielle Revolution entfesselte die Produktivkräfte. Sie war die Initialzündung für eine Entwicklung, die von nun an mit enormer Geschwindigkeit Wirtschaft und Gesellschaft einem beständigen Wechsel unterwarf. Die Großproduktion forderte eine alle bisherigen Grenzen sprengende Ausweitung der Rohstoff- und Energiegewinnung, vor allem aber die Verbesserung der Transportwege.

Die zunehmend eingesetzten Dampfmaschinen benötigten Kohle als Betriebsstoff. Die in genügender Menge vorhandene Steinkohle mußte jedoch oft aus entfernten Gegenden in die neu entstandenen Industriezentren transportiert werden, wo inzwischen die traditionellen Pferdefuhrwerke überfordert waren. Auch das Konzept, die Schiffahrt mit Hilfe neuer Kanalbauten zum Massentransportmittel auszubauen, mußte wegen der Vereisungsgefahr der Flüsse und Kanäle im Winter zwangsläufig scheitern.

Erst der von englischen Ingenieuren vorangetriebene Eisenbahnbau von Stockton nach Darlington 1822–1825, dem die Erfahrungen von Anlagen kleiner Grubenbahnen zugrunde lagen, erbrachte schließlich den Beweis der wirtschaftlichen Rentabilität des Schienenweges für den Güter- und bald auch für den Personentransport. Auf dem Kontinent diente oft noch das Pferd als Zugmittel, wobei bereits erstaunlich lange Strecken bewältigt wurden (z. B. 1825 die Pferdeeisenbahn Linz–Budweis mit 130 km oder 1830 der Bahnbau Prag–Pilzen). Die eigentliche Lösung der neuen Verkehrsaufgaben brachten die nach John Berkenshaw hergestellten gewalzten Schienen und die von Georg Stephenson konstruierte und gebaute Lokomotive, die auf der schon erwähnten Strecke Stockton–Darlington am 27. September 1825 zum ersten Mal zum Einsatz kam.

Ein Zeitgenosse beschreibt dieses Ereignis folgendermaßen:

Nachdem das Signal gegeben war, setzte sich die Maschine samt dem ungeheuren Wagenzug in Bewegung. Die Geschwindigkeit war so groß, daß stellenweise 19 km in der Stunde zurückgelegt wurden. Die Last betrug, da die Anzahl der mitfahrenden Personen sich auf 450 belief, mit Einrechnung der Wagen, nahezu 90 t. Mit dieser Last langte die Maschine nach 65 Minuten in Darlington an. Nachdem man neuen Wasservorrat ein- und eine Anzahl Reisender sowie eine Musikkapelle aufgenommen hatte, setzte sich die Maschine abermals in Bewegung und erreichte das zwölf Meilen entfernte Stockton in drei Stunden und sieben Minuten, wobei die Zeit mit eingerechnet ist, die man unterwegs zum Aufenthalt gebrauchte. In dem Augenblick, als der Zug Stockton erreichte, beförderte er 600 Personen. So viele saßen in den Wagen oder hatten sich drangehängt. Groß war das Aufsehen und das Staunen, das die Ankunft des Zuges in Stockton erregte.[1]

Zahlreiche weitere Versuche und Erfahrungen wurden beim Bau der bedeutenden Linie von Manchester nach Liverpool, der ebenfalls unter Stephensons Leitung stand, berücksichtigt. Mit seiner »Rocket« – sie hatte 1829 in Rainhill ein Rennen mit einer Durchschnittsgeschwindigkeit von 35 km/h und einer Höchstgeschwindigkeit von 56 km/h für sich entschieden – wurde die Anlage am 15. September 1830 dem Verkehr übergeben. Sie stellte den ersten Eisenbahnbau im heutigen Sinne dar. Dem Zwecke der Dampfeisenbahn angepaßte Hoch- und Tiefbauanlagen entstanden. Man errichtete allein 63 Brücken, ein Tunnel wurde vor der Einfahrt nach Liverpool gegraben, ein Moor mußte überquert und ein Felseinschnitt angelegt werden. Danach kamen überall in England, aber auch in anderen europäischen Ländern Eisenbahnprojekte zur Ausführung.

Was ist eine Eisenbahn?

Wenn jemand den Begriff der Eisenbahn umschreiben soll, so scheint dies leicht. Wer es genau nimmt, der muß freilich erst ordentlich Atem schöpfen, damit er das güterzug-lange Satzungeheuer aus dem Reichs-Haftpflichtgesetz hersagen kann. Was ist eine Eisenbahn? Hier die Antwort! Aufgepaßt!

»Eine Eisenbahn ist ein Unternehmen, gerichtet auf wiederholte Fortbewegung von Personen oder Sachen über nicht ganz unbedeutende Raumstrecken auf metallener Grundlage, welche durch ihre Konsistenz, Konstruktion und Glätte den Transport großer Gewichtsmassen, beziehungsweise die Erzielung einer verhältnismäßig bedeutenden Schnelligkeit der Transportbewegung zu ermöglichen bestimmt ist und durch diese Eigenart in Verbindung mit den außerdem zur Erzeugung der Transportbewegung benutzten Naturkräften bei dem Betriebe des Unternehmens auf derselben eine verhältnismäßig gewaltige Wirkung zu erzeugen fähig ist.«

Verstanden? Das also ist eine Eisenbahn in der Darstellung der Juristen.[2]

Die Ideen von Gerstner mit der Pferdeeisenbahn Linz–Budweis aufgreifend, hatte in Deutschland der bayrische Oberberg- und Salinenrat Josef Ritter von Baader, nach seinem »Vorschlag zur Einführung eisener Kunststraßen in Bayern« aus dem Jahr 1812, 1825 im Nympfenburger Park eine Probestrecke angelegt. Sie diente allerdings nur der Volksbelustigung.

Im gleichen Jahr trat im Rheinland der Industrielle Friedrich Harkort mit Eisenbahnbauplänen an die Öffentlichkeit. 1824 schlug August von Amsberg die Errichtung einer Eisenbahn in Norddeutschland vor. Bereits 1815/16 soll in der Königlichen Eisengießerei in Berlin eine erste deutsche Lokomotive für eine oberschlesische Eisenhütte gebaut worden sein, die aber wegen ihrer Spur, die nicht mit dem Gleisabstand übereinstimmte, nicht zum Einsatz kam.

Wenn man der zwölfbändigen deutschen Geschichte von Heinrich Pleticha Glauben schenken darf, soll es 1825 an Ruhr und Saar bereits 50 km dampfgetriebene Grubenbahnen gegeben haben.[3]

Trotzdem scheiterten alle weiteren Projekte zunächst an der Engstirnigkeit der feudalen Oberschicht, die mit der Zunahme der wirtschaftlichen Stärke des Großbürgertums die eigene Vormachtstellung schwinden sah. Die Kleinstaaterei verhinderte jede über die Landesgrenze hinausdenkende Planung.

Vorschlag für die kollisionsfreie Begegnung zweier Züge auf einem Gleis, 1851

Der schon erwähnte Joseph Ritter von Baader hatte auch einen Schienenzug von Nürnberg nach Fürth vorgeschlagen. Im Gegensatz zu seinem Vorgänger schenkte der bayrische König Ludwig I. derartigen Forderungen jedoch zunächst wenig Aufmerksamkeit. Sein Interesse galt dem Main–Donau-Kanal, und so ließ er das Eisenbahnprojekt an die Handelsstadt Nürnberg zur Begutachtung gehen. Der Kaufmann Georg Platner und der Nürnberger Bürgermeister Johannes Scharrer, die die Eisenbahnlinie Nürnberg–Fürth planten, machten eine genaue Kosten-Nutzen-Analyse. Bei Zugrundelegung des Fahrpreises der Postkutsche und bei einem durchschnitt-lichen täglichen Verkehrsaufkommen von 1720 Personen versprach der Bahnbau Rentabilität. Zudem war die Eisenbahn bedeutend schneller als die Postkutsche. Im Fernverkehr war sie billiger, da teure Übernachtungen und Mahlzeiten wegfielen.

Die Konkurrenz zwischen Bahn und Post führte zu Verbesserungen bei letzterer, obwohl die Nachteile gegenüber dem neuen Verkehrsmittel nicht ausgeglichen werden konnten. Trotzdem ergänzten sich Eisenbahn und Postkutsche noch lange Zeit.

Am 14. Mai 1833 wurde die »Gesellschaft für die Errichtung einer Eisenbahn zwischen Nürnberg und Fürth« gegründet, 1834 der Plan zum Bau vom König genehmigt, und am 7. Dezember 1835 dampfte Stephensons »Adler« über die vom Franzosen Paul Denis errichtete Bahnlinie.

Mit der Ludwigsbahn, die sowohl mit Dampf angetrieben als auch von Pferden gezogen wurde, war die erste deutsche Eisenbahnstrecke (Vorortbahn) in Betrieb genommen worden. König Ludwig I. beteiligte sich an dem Projekt mit ganzen zwei Aktien á 100 Gulden.

Gegner des Eisenbahnbaus

Preußens König Friedrich Wilhelm III. hielt anfänglich nicht viel von der Eisenbahn. »Alles soll Karriere geben«, sagte er einmal zu seinem Sohn, »und Ruhe und Gemütlichkeit leiden darunter. Ich halte es für keine sehr große Glückseligkeit, daß ich mit der Eisenbahn eine Stunde früher in Potsdam bin als mit der Postkutsche.« – »Papa«, erwiderte der Kronprinz, »diesen Karren, der durch die Welt rollt, hält keine Macht mehr auf.«

König Ernst August von Hannover lehnte eine Eisenbahn in seinem Lande ab, damit nicht jeder Schuster und Schneider so rasch wie er reisen könne.

Als im Jahre 1836 eine fünf Kilometer lange Versuchsstrecke zwischen Petersburg und Zarskoje Selo, der Sommerresidenz des Zaren, gebaut wurde, meinte der russische Finanzminister: »Die Tagesmode, Eisenbahnen zu bauen, flaut schon wieder ab. Sie können allenfalls zu Luxusreisen für Personen, weniger aber zur Beförderung von Lasten über große Entfernungen dienen.«

Als man Anfang der dreißiger Jahre in Frankreich eine Eisenbahnlinie errichten wollte, erklärte der Historiker Louis Adolphe Thiers im Parlament: »Sobald die Eisenbahnen fertig sein werden, wird man die Guillotine abschaffen können. Statt zum Tode wird man die Schwerverbrecher künftig dazu verurteilen, tausend Stunden im Waggon zu fahren. Bei mildernden Umständen wird man die Straffahrt auf fünfhundert Stunden herabsetzen. Ich bin aber überzeugt, daß sie die Guillotine vorziehen werden.«

Ähnlich düstere Gedanken hegte der berühmte Physiker und Astronom Francois Arago, Direktor der Pariser Sternwarte, der im Jahre 1831 Mitglied der Deputiertenkammer geworden war. »Die Eisenbahn«, sagte er in einer Parlamentsdebatte, »birgt eine große Gefahr. Beim Durchfahren eines Tunnels von nur wenigen Metern Länge werden die Reisenden unweigerlich ersticken.« Trotz solcher Warnungen wurde am 26. August 1835 die Lokalbahnstrecke von Paris nach St. Germain eröffnet.

Als am 7. Dezember 1835 der Eisenbahnverkehr auf der Strecke Nürnberg–Fürth aufgenommen wurde, ging es nicht ohne Schwierigkeiten ab, denn die königlich bayerische Regierung verlangte von der Eisenbahndirektion die Anpflanzung lebender Bäume zu beiden Seiten der Strecke mit der Begründung, »daß das Getöse eines Zuges hinfür nicht mehr das Ohr, und die ungewohnte Erscheinung eines Eisenbahnzuges nicht mehr das Auge der Pferde und anderer Zugtiere berühre«. Der Direktor der Bahn, Johannes Scharrer, legte in einer ausführlichen Entgegnung dar, warum dieses Verlangen nicht zu verwirklichen sei, und schloß: »Im übrigen ist es aber unsere unmaßgebliche Meinung, daß sich die Ochsen und Kühe nach der Eisenbahn und nicht die Eisenbahn nach den Ochsen und Kühen zu richten habe.«

Nestroy schrieb eine Posse »Eisenbahnheiraten« oder »Wien, Neustadt und Brünn«, in der ein von der Eisenbahn begeisterter Bäckermeister sagt: »Ich laß' einmal keinen Train aus, mich interessiert's, weil ich's versteh! Ich kenn einen Maschinisten, der hat mir alles erklärt. Ich weiß, was der Dampf ist, ich weiß, was Kohlen sind, ich weiß jeden Bestandteil, nur wie die Maschine die Pferdekraft bekommt, das versteh' ich noch nicht. Darüber muß ich mit meinem Roßhändler reden.«[4]

Was geschah zu dieser Zeit in Sachsen und Leipzig? Stimmt es, was wir in einer rückblickenden Äußerung aus dem Jahre 1915 erfahren? War es wirklich ein so verträumtes Ländchen und Städtchen?

Man denkt an die gute liebe, ein wenig schlafmützige Biedermeierzeit mit dem Kirschbaumkanapee, dem geblümten Großvaterstuhl, der betroddelten langen Weichsel-Pfeife. Es geht nichts über die Gemütlichkeit! Methusalem Müller, der scharf profilierte Leipziger Literatenkopf, kaut am Gänsestiel und speist die Schöngeister mit der ›Zeitung für die elegante Welt‹, Roderich Benedix steigt auf die die Welt bedeutenden Bretter, schwärmende Studenten schmettern das Krampambuli-Lied und treiben Schabernack mit Stadtsoldaten und tutenden Nachtwächtern. Zu Sänftenträgern und Brezelmännern, hanfdrehenden Seilern am Moritzdamm und anderen kleinbürgerlichen Typen gesellen sich feilschende Handelsleute im ›Leipziger Palästina‹, wie Ferdinand Stolle den Brühl nannte, und die ›geschwindfahrende Küchenpost‹ wechselt am Grimmaischen Steinweg die Gäule, damit die Thüringer Krebse bis übermorgen nach der Dresdner Hofküche gelangen.[5]

Ganz so idyllisch war es wohl nicht. Denn weiter lesen wir in dem Text von Paul Daehne:

Leipzig war noch klein, aber manchem Beurteiler galt es als eine der schönsten Städte in Deutschland! [...] *Zu Meßzeiten wimmelte es von Fremden, und riesige Wagenburgen füllten die Gassen und Plätze, die von Lärm widerhallten.*

Ein Wunder, wie die zusammengepferchte Bevölkerung die Riesenmenge der Meßgäste aufnehmen konnte, die zuweilen mehr als die Hälfte der Einwohnerzahl betrug. Der Torgroschen war seit 1824 aufgehoben, das alte Ranstädter Tor und das Grimmaische Tor fielen 1822 beziehungsweise 1834.

Das Wort »Leipzig ist ein Paris im ›Kleinen‹« war längst bekannt. Es entstammt der von dem Arzt Nicolaus Pfizzer 1674 bearbeiteten Widemannschen Lebensbeschreibung des Faust und wird auch von dem Verfasser des ›nach der Moral beschriebenen Galanten Leipzig‹, dem späteren Medizin-Professor Franz, angewandt, bevor es Goethe seinem zechfröhlichen ›Frosch‹ in den Mund legte: ›Mein Leipzig lob ich mir, es ist ein klein Paris‹. Der große Dichter hat freilich den sächsischen Hauptstapelplatz, das Emporium an der Pleiße, wo er am 18. April 1813 zum letzten Male einkehrte, eine ›Stadt am Sumpfe‹ genannt. Und nicht mit Unrecht, denn in der westlichen Hälfte der nahen Umgebung schillerten zahlreiche Teichspiegel und ein Netz vielverschlungener Wasserläufe zwischen Wiesen und feuchten Auenwäldern. [...] *Aber auch die Niederungen der Parthe und Rietzschke im Norden und Nordosten, letztere im ›Land der süßen Kuchen‹, waren sümpfereich. Die späteren Erbauer des Eisenbahn-Viaduktes durch die Sellerhäuser Kohlgärten haben das als schweres Hindernis verspürt.*

An der Westfront des heutigen Hauptbahnhofes führte ein Arm des Partheflüßchens den Gerbern das nasse Element zu. Nahe dabei stand der Pichhof, wo seit 1740 Brauereifässer und mancherlei Gefäße der Schänken gepicht wurden. Hier wohnte Richard Wagners Mutter als Matrone. An der Ostseite hingegen ruhten noch Trümmer alter Bollwerke in den Wiesen. Am Augustusplatze erhob sich der Schneckenberg, der noch bis 1864 seine Trauerweiden dem Schwanenteich zuwandte. Die bescheidenen Vorstädte gliederten sich lose dem Kern Leipzigs an.[6]

Politische Unruhen gab es Anfang der dreißiger Jahre. Durch die Teilung des Landes infolge des Wiener Friedens 1815 hatte die Stadt Leipzig manchen Vorzug seiner handelsgeographischen Lage eingebüßt. Krisen erschütterten Handel und Gewerbe.

Alles oben Genannte kann nicht über den wachsenden Stellenwert der Industrie hinwegtäuschen. Sie wurde zum bestimmenden Faktor in der Entwicklung des Landes und führte zu weitreichenden Veränderungen im gesamten gesellschaftlichen Leben.

Um die Wende zum 19. Jahrhundert war die Wirtschaft in Sachsen durch folgende Aspekte gekennzeichnet: Der traditionellen Kleinindustrie im Erzgebirge und im Vogtland stand eine auf der Basis von Wasserkraft stark entwickelte Textilindustrie gegenüber. Zentrum intensiver Handelstätigkeit war Leipzig mit seinen Messen. Parallel entstanden beziehungsweise expandierten immer mehr Fabriken.

Basierend auf einer Vielzahl zukunftsorientierter Kräfte und Strömungen, entwickelte sich die Region Sachsen während der ersten zwei Drittel des 19. Jahrhunderts rasant und gab Impulse für die Wirtschaft in ganz Deutschland. Das sozialökonomische System war durch die Umstrukturierung zur bürgerlich-kapitalistischen Gesellschaft sowie die Entstehung großer Fabrikkomplexe, in denen erstmalig Werkzeugmaschinen eingesetzt wurden, geprägt.[7]

Wieck führte 1840 in seiner Schrift »Industrielle Zustände in Sachsen« drei wichtige, für die Umwälzung exemplarische Vorgänge an: 1799 gründete Graf von Einsiedel die erste Wollspinnerei in Wolkenburg.[8] 1799/1800 wurde mit der Spinnerei Harthau das englische Spinnereisystem mit Mulemaschinen in Sachsen eingeführt.[9] Zum gleichen Zeitpunkt setzten die Baumwollspinnereien von Wöhler und Lange in Furth bei Chemnitz erstmals Watermaschinen ein.[10] Überhaupt wurde die Mechanisierung der Baumwollindustrie in Sachsen am konsequentesten durchgeführt und erlangte folgerichtig eine für ganz Deutschland bedeutsame Größe.

Bald entstanden weitere Fabriken in anderen Branchen; nach der Textilindustrie im Maschinenbau (1807) und schließlich bis zum ersten Drittel des 19. Jahrhunderts im Bereich der Papierherstellung (1827).

Die Gründer der Fabriken kamen überwiegend aus den bürgerlichen Bevölkerungskreisen, waren vorwiegend Kaufleute und zuweilen Handwerker. Nur wenige Adlige erkannten die Möglichkeit, durch Investitionen in die Industrie ihr Vermögen zu vermehren. Das Kapital, das zur Gründung der Fabriken notwendig war, kam aus Eigenmitteln bzw. staatlichen Zuschüssen und Darlehen.[11]

Trotz der sich in den folgenden Jahren stark entwickelnden Industriellenschicht konnte das Handelsbürgertum im Zeitraum der industriellen Revolution seine zumeist dominierende Stellung in Sachsen behaupten. Die führende Rolle nahm damals das Leipziger Handels- und Bankgewerbe ein, deren Vertreter (Harkort, Dufour-Ference, Seyfferth, Thierot u. a.) seit Mitte der dreißiger Jahre hohe Investitionen in der Industrie tätigten. Sie besaßen hohe Anteile an den auf Aktienbasis gegründeten bzw. umgewandelten Betrieben des Steinkohle- und Kupferbergbaus, der Eisenverhüttung und des Maschinenbaus. 1883 beherrschten sie mit der Leipziger Bank und der Allgemeinen Deutschen Credit-Anstalt (ADCA), die 1856 entstanden war, den gesamten sächsischen Geldmarkt. So brachten sie 1846 eine um ein Drittel höhere Steuersumme als alle Fabrikanten und Manufakturbesitzer Sachsens auf. Zehn Jahre später war es immer noch mehr als die Hälfte der Fabrikantensteuer.[12]

Einen Beweis für die Konzentration des Geldmarktes in Leipzig liefert ein im Jahre 1912 erschienenes, nach der amtlichen sächsischen Statistik von 1908 herausgegebenes »Jahrbuch des Vermögens und Einkommens der Millionäre im Königreich Sachsen«. In ihm werden 1360 Personen aufgeführt, die ihr Vermögen überwiegend aus industriellen Unternehmen erwarben. Zu ihnen gehörten eine Vielzahl von Bankiers sowie Kaufleute. Die meisten Millionäre wohnten in Leipzig, dann folgten die Städte Dresden, Zwickau und Chemnitz. In ländlichen Gegenden, wo sich Textilindustrie angesiedelt hatte, gab es in Orten wie Neugersdorf, Hohenfichte und Auerbach Wohnsitze von Millionären.[13]

Der Industrialisierungsprozeß zeigte regional und in seinem zeitlichen Verlauf große Unterschiede. Zuerst und am stärksten wurde das wasserreiche Erzgebirge erfaßt, danach das Vogtland, die Ober- und die Niederlausitz. Leipzig und seine Umgebung bezog man erst nach 1830 ein.

Bis 1830 beruhte die Industrialisierung fast ausschließlich auf der billigen und reichlich vorhandenen Wasserkraft, die auch noch zur Jahrhundertmitte bestimmend sein sollte. Zwar langsam, aber stetig zunehmend verschob sich jedoch das Schwergewicht von der Wasser- zur Dampfkraft. Mit der Entwicklung der Dampfmaschine konzentrierte sich die Industrie nun auf die Standorte, die für die Rohstoff- und Brennstoffzufuhr die günstigsten Bedingungen boten. Die verstärkte Nutzung der im Zwickau–Oelsnitzer Gebiet lagernden Steinkohle bildete beispielsweise die Grundlage weiterer Fabrikgründungen.

Seit 1814 regte die sächsische Regierung den Einsatz von Dampfmaschinen durch staatliche Prämienversprechungen an. Von 1822 bis 1835 wurden in Sachsen 21 Dampfmaschinen mit insgesamt 260 PS in Betrieb genommen.[14] 1830 waren in der Textilindustrie 60 Prozent der in der Leichtindustrie und im Hüttenwesen vorhandenen Dampfmaschinen im Einsatz.

Im »Deutschen Bund« mit seinen größeren und kleineren Mitgliedsstaaten gab es weder ein einheitliches Zoll- noch ein übergreifendes Finanzsystem, geschweige denn allgemein gültige Maße. 41 (später 38) souveräne Einzelstaaten waren eigen- und eifersüchtig bemüht, ihre Unabhängigkeit zu wah-

Vorschlag zur Erhöhung der Geschwindigkeit der Eisenbahn, 1851

ren und stets den eigenen Vorteil zu suchen. So bildeten die beim Güterverkehr nicht unwichtigen Zollfragen fast unüberwindbare Hindernisse auf dem Weg zu einem flächendeckenden Verkehrsnetz in Deutschland.

Erst 1893 führte man im Deutschen Reich die mitteleuropäische Zeit ein. Ursache war die Absicht, eine Koordinierung der Eisenbahnfahrpläne zu bewerkstelligen. Bis dahin mußte man sich mit einer fiktiven allgemeingültigen Bahnzeit, der »Berliner Zeit«, behelfen. Daß sich schließlich doch noch ein einheitliches Eisenbahnsystem aus den innerhalb von Ländergrenzen technisch unterschiedlich entwickelten Bahnstrecken bildete, war in der Zwangsläufigkeit der wirtschaftlichen Erfordernisse und im materiellen Bedürfnis des Industriebürgertums begründet.

Friedrich List übermittelte als Bevollmächtigter des »Allgemeinen Deutschen Handels- und Gewerbevereins« bereits im April 1818 eine Bittschrift an den Bundestag in Frankfurt mit dem Anliegen, die den Verkehr in Deutschland lähmenden 38 Zoll- und Mautlinien zu beseitigen. Damit war in Worten ausgedrückt, was Fabrikanten und Kaufleute seit der Entstehung des Deutschen Bundes immer wieder gefordert hatten – die Bildung eines nationalen Marktes, wie er in Frankreich und England schon lange Realität war. Am 1. Januar 1834 fielen die Zollschranken. Es muß ein erhebendes Ereignis gewesen sein, als sich die Schlagbäume öffneten und die ersten der lang angestauten Wagenzüge über die nicht mehr vorhandenen Grenzen fuhren.

Dem neu gegründeten deutschen Zollverein gehörten 18 Staaten des Deutschen Bundes mit einer Fläche von ca. 425000 km^2 und etwa 23 Millionen Einwohnern an. Die wirtschaftliche Einigung Deutschlands hatte begonnen. Für die sächsische Industrie bedeutete dies die Schaffung des so notwendigen Absatzmarktes.

Die Fabrikanten und Kaufleute, die mit ihrem Geld zum Bau und Unterhalt der Eisenbahnstrecken entscheidend beitrugen, schlossen sich in der Folgezeit, da der Betrieb umfangreicher und somit erheblich teurer wurde, zu Aktiengesellschaften zusammen. So entstanden die ersten deutschen Eisenbahnstrecken unter Aufsicht von Eisenbahngesellschaften.

Eisenbahnpioniere in Deutschland

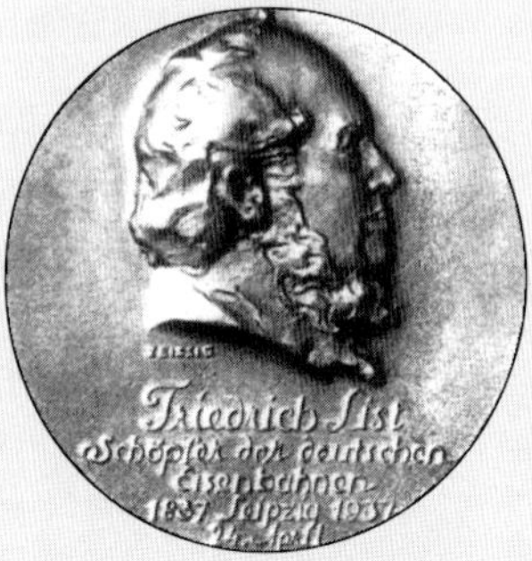

Friedrich List

Friedrich List wird am 6. August 1789 in Reutlingen geboren. Nach dem Besuch der Volksschule tritt er in Ulm als Schreiber in den württembergischen Staatsdienst ein. Im Alter von 28 Jahren wird er Professor für Staatswissenschaften an der Universität Tübingen. Er ist Gründungsmitglied eines »Deutschen Handels- und Gewerbevereins«, der die Niederlegung der innerdeutschen Zollschranken fordert. Mit 31 Jahren wird List in den Landtag gewählt. Wegen seines entschiedenen Eintretens für demokratische Verwaltungsreformen, daß als »staatsfeindliche Aufreizung« angesehen wird, verurteilt man ihn 1822 zu 10 Monaten Festungshaft, die er in Hohenasperg absitzen muß. Nach der Freilassung emigriert List nach Amerika. Dort findet er schnell Anerkennung und wirtschaftlichen Erfolg. Er entdeckt Kohlelager, gründet eine Gesellschaft zu deren Abbau und legt schließlich eine Eisenbahn an, die das schwarze Gold transportiert.

Durch Beiträge in wissenschaftlichen Zeitungen bleibt List jedoch auch weiterhin in Deutschland präsent. Er veröffentlicht Artikel über den Nutzen der Eisenbahn, gibt Anregungen und fachmännische Hinweise. Als er zum Konsul der Vereinigten Staaten in den Hansestädten ernannt wird, kehrt er nach Deutschland zurück. Alte Feinde verhindern seinen Dienstantritt in Hamburg, so daß List schließlich im Frühjahr 1833 das Konsulat in Leipzig übernimmt.

Schon bald publiziert er seine Pläne zu einem deutschen Eisenbahnnetz, die allerdings anfangs nicht auf die erhoffte Zustimmung stoßen. Mit seiner in einer Auflage von 500 Exemplaren gedruckten Schrift »Über ein sächsisches Eisenbahnsystem als Grundlage eines allgemeinen deutschen Eisenbahnsystems«, welches List an diverse Behörden und einflußreiche Persönlichkeiten schickt, erzielt er jedoch endlich Wirkung. Die Leipzig-Dresdner Eisenbahn und damit die erste deutsche Fernbahn entsteht.

List wird aber von seinen Landsleuten weiterhin wenig Dank und Anerkennung entgegengebracht, obwohl er als »der erste große Eisenbahner Deutschlands«[15] anzusehen ist. Er zieht sich nach Paris zurück, lebt später in Augsburg und begeht schließlich am 30. November 1846 in Kufstein Selbstmord. Erst im Jahr 1927 würdigt ihn die Stadt Leipzig zusammen mit Gustav Harkort durch eine Gedenkfeier und die Einweihung eines Denkmals. Im 2. Weltkrieg wurden die Bronzereliefs eingeschmolzen. Die Büsten lagern heute in einem Leipziger Museum.

Johann Andreas Schubert

Nach seiner schulischen Ausbildung studiert der 1808 in Wernesgrün geborene Johann Andreas Schubert an der Bauschule zu Dresden Architektur. 1832 wird er als Lehrer an die »Königliche Technische Bildungsanstalt« in Dresden berufen. Hier wird ihm das Prädikat eines Professors verliehen. Gerade in der Zeit der industriellen Revolution findet der junge Hochschullehrer in den Naturwissenschaften ein breites Betätigungsfeld.

1834 gründet Schubert in Dresden den »Wissenschaftlichen Gewerbeverein«. Im gleichen Jahr begibt er sich auf eine mehrmonatige Studienreise nach England. Er erforscht Brücken-, Tunnel-, Straßen- und Kanalbauten, besichtigt Fabriken und Bergwerke, fährt mit

Dampfschiffen, der Eisenbahn und dem Dampfomnibus. Es gibt kaum Neuerungen, für die er sich nicht interessiert. Nach seiner Rückkehr versucht Schubert, seine Kenntnisse weiterzugeben, aber das von ihm erhoffte Engagement sächsischer Unternehmer bleibt aus. 1836 gründet er eine Maschinenbauanstalt. Der sich anbahnende Schiff- und Eisenbahnverkehr und die Nachfrage nach Dampfmaschinen lassen gute Absatzchancen erwarten. Schubert baut anfangs Dampfschiffe. Seine eigentlich zutreffende Ansicht, daß leichten Hochdruckdampfmaschinen die Zukunft gehört, findet kaum Zuspruch. Der große Erfolg bleibt demnach aus.

Zwischenzeitlich hat der Eisenbahnbau in Sachsen begonnen. 1836 kommt als erste Lokomotive die in England gebaute »Komet« in Kisten verpackt in Leipzig an. Sie wird beim Streckenbau eingesetzt. Weitere Lokomotiven folgen in kurzer Zeit. Schubert geht mit seinen Technikern daran, eine dieser Maschinen zu vermessen, will er doch zur Eröffnung der Bahn 1839 eine selbstkonstruierte Lokomotive der Öffentlichkeit vorführen. Er kopiert aber nicht einfach, sondern führt zugleich einige Verbesserungen durch. Auffallend ist vor allem die zusätzliche hintere Laufachse der Lok, die schließlich SAXONIA getauft wird. Obwohl die Versuchsfahrten sehr befriedigend verlaufen, darf Schubert bei der Eröffnung der ersten deutschen Fernbahn den Festzügen nur hinterherfahren, wobei seine Lokomotive zudem unter obskuren Umständen auf der Rückfahrt nach Dresden im Dunkeln auf ein Nebengleis geleitet und durch einen Aufprall beschädigt wird.

Erst unter dem Druck der Öffentlichkeit werden die SAXONIA – allerdings zum halben Preis sowie mit der Verpflichtung, eine schrottreife englische Lok in Zahlung zu nehmen – und die COLUMBUS, Schuberts zweite Lokomotive, von der Leipzig-Dresdner Eisenbahncompagnie übernommen. Da man aber weiterhin die Maschinen aus England bevorzugt, muß 1841 die Maschinenbauanstalt in Übigau geschlossen werden.

In den vierziger Jahren baut Schubert die heute unter Denkmalschutz stehende Göltzschtal- sowie die Elstertalbrücke. So kann 1851 die Eisenbahnverbindung zwischen Leipzig und Hof vollendet werden. Viele Ehrengäste sind zur Eröffnung geladen, große Reden werden gehalten, ein »königlicher Ordensregen« geht hernieder. Nur einer fehlt und geht leer aus: der liberalbürgerliche Professor Schubert.

Später nimmt Schubert die Lehrtätigkeit wieder auf. Er engagiert sich in verschiedenen Organisationen, unter anderem im Sächsischen-Ingenieur-Verein. 1865 ernennt man ihn zum Regierungsrat. Fünf Jahre später verstirbt er.

Den besten Gradmesser für die Vorteile, die Sachsen aus dem Beitritt zum Deutschen Zollverein zog, stellte die Leipziger Messe dar. Für die sächsische Industrie war sie besonders wichtig, da ihre Produkte hier Zugang zum Weltmarkt fanden. Schon 1835 war Leipzig das Zentrum des Handels aller Vereinsstaaten geworden.[16] Leipzigs Stellung als mitteldeutsches Zentrum des Geld- und Warenverkehrs konnte kontinuierlich ausgebaut werden. Ende der sechziger Jahre hatte die Warenmesse ihren Umsatzhöhepunkt erreicht. Im Vergleich zur Ostermesse 1835 wurden 1869 fünfzehnmal mehr Waren umgeschlagen (von 56000 auf 768000 Zentner). Aber auch die Zahl der Musterlager nahm zu.

Daß sich Leipzig als Messemetropole auf Dauer eine herausragende Rolle sichern konnte, verdankte es vor allem dem Bau der Leipzig-Dresdner Eisenbahn, einem technischen und wirtschaftspolitischen Ereignis, das epochale Bedeutung besaß.

Friedrich List, der durch die Erfolge der von ihm gebauten Tamaquabahn in Nordamerika die Vorteile des Eisenbahnwesens beurteilen konnte, forderte nun auch in Deutschland, daß man das Land mit einem Eisenbahnnetz überziehen sollte. Er erkannte die besondere Eignung der Strecke Leipzig–Dresden als den Anfang eines Systems, das sowohl schnelle Verbindungen nach Preußen als auch nach Süddeutschland zu gewährleisten versprach. Mit seiner ganzen Persönlichkeit und unter Einsatz seines Vermögens propagierte er die ökonomischen Vorteile dieses Schienenstranges. Sein 1834 publizierter »Aufruf an unsere Mitbürger in Sachsen die Anlage einer Eisenbahn zwischen Dresden und Leipzig betreffend« ist hierfür ein Beleg:

Leipzig wird die Vorstadt von Dresden und Dresden die von Leipzig. Wissenschaft und Kunst, Handel und Gewerbe, das gemeinschaftliche Leben, jedes Verhältnis, jede Tätigkeit und Kraft wird gewinnen und der wohltätige Einfluß dieser Wechselwirkung eines Tages sichtbar werden. Der in Leipzig residierende buchhändlerische Unternehmungsgeist wird das in Dresden residierende Kunsttalent für seine Zwecke in Tätigkeit setzen können. Leipzig wird sich wohlfeile Steinkohle verschaffen können. Die Erleichterung der Zufuhr von Baustein und sonstigen Baumaterialien wird den wohlfeilen Bau von Privatgebäuden fördern.[17]

Bereits in seiner Schrift »Über ein sächsisches Eisenbahnsystem und insbesondere über die Anlegung einer Eisenbahn von Leipzig nach Dresden« weist List auf die wirtschaftliche Bedeutung der Eisenbahn hin:

[...] *bei den hiesigen Lokalverhältnissen besonders in Betracht kommenden Umständen ist die Eigenschaft des hiesigen Platzes* [Leipzig] *als Herzkammer des deutschen Binnenverkehrs, des Buchhandels und der deutschen Fabrikindustrie* [hervorzuheben].

[...] *was leichter Transport vermag und was schwerer und teurer nicht vermag, darüber können wir die Sandsteine von Pirna zu Zeugen aufrufen, die zu Wasser bis Berlin, Hamburg und Altona, ja in noch größerer Menge bis Kopenhagen gegangen sind und noch gehen, während es ihnen nie möglich war, landwärts nur bis Leipzig vorzudringen* [...]. *Diese Route* [Leipzig–Dresden] *ist die wichtigste für den geistigen, häuslichen und politischen Verkehr des Landes und eine der bedeutendsten für den merkantilischen. Ist diese Route erst hergestellt, so kann alles, was im Königreich Sachsen in kommerzieller sowohl als in politischer und intellektueller Beziehung nur irgend Einfluß und Stimme hat, sich jeden Tag von den großen Vorteilen der Eisenbahn überzeugen.*[18]

Daneben bestätigte die 1833 veröffentlichte Schrift Friedrich Harkorts »Die Eisenbahn von Minden nach Köln« den Nutzen der Bahn als schnellem Militärtransportmittel.

Friedrich List gelang es, in Leipzig eine kleine Gruppe junger Kaufleute und Bankiers zu gewinnen, die bereit war, sein Projekt zu unterstützen und in die Tat umzusetzen. Diese Handelsleute, List charakterisiert sie als »junge Männer von Bildung, Kapital und Ansehen«, riefen die »Leipzig-Dresdner-Eisenbahncompagnie« ins Leben.

Wichtige Gründungsmitglieder der Leipzig-Dresdner-Eisenbahncompagnie

Wilhelm Seyfferth, geboren am 24.7.1807 in Leipzig, gestorben am 18.7.1881 in Leipzig; Bankier, Stifter des Johannaparks, ab 1876 Vorsitzender des Direktoriums der Leipzig-Dresdner Eisenbahn.

Karl Lampe, geboren am 10.7.1804 in Leipzig, gestorben am 15.12.1889 in Leipzig; Ratsherr, Stifter, Mitbegründer des Allgemeinen Turnvereins, Ehrenbürger 1878.

Gustav Harkort, geboren am 3.3.1795 in Harkorten bei Hagen, gestorben am 29.8.1865 in Leipzig; Eisenbahnpionier, 1864 Ehrenbürger.

Albert Dufour-Feronce, geboren am 20.12.1798 in Leipzig, gestorben am 12.11.1861 in London; Kaufmann und Ratsherr.

Keineswegs begeistert von den Ideen Lists war zunächst das sächsische Postwesen. Man befürchtete wirtschaftliche Verluste durch die neue Konkurrenz. Auch die sächsische Regierung gab sich skeptisch, behinderte aber die Arbeit des »Comitees« nicht, so daß der Landtag ein Gesetz über die notwendige Enteignung verabschieden konnte.

Gegner der ersten deutschen Fernbahn

Die Leipzig-Dresdner Eisenbahn stieß bei vielen Menschen auf wenig Gegenliebe. In einer »Kontroverspredigt«, abgedruckt in der Leipziger Abendpost am 24./25. April 1837, prangerte ein Student, der klugerweise anonym bleiben wollte, das »verderbliche Institut Eisenbahn« an und bezeichnete es als ein »Werk des Beelzebubs«. Er wetterte gegen die Engländer, von denen dieser »Teufelssegen« ausgegangen sei, um daraufhin den Hauptverursacher auszumachen: »Aber Ingrimm erfaßt mich, schau ich umher und forsche ich nach dem Grunde unseres Unglücks. Wer ist Schuld daran, als die Leipziger? Kein Mensch weiter! O Pleiße-Athen!« Der Student beschwörte die schöne Zeit der gemütlichen Postkutsche, mit der man höchstens im Graben landen konnte, hingegen »wenn der Kessel springt, man in die Luft fliegen und zu Tode gebrüht werden könne!« Ärzte warnten vor dem »grauenvollen, infernalen Gebrüll« der Loks. Luftwirbel würden die Reisenden gefährden, die zudem im Qualm der Dampfmaschine zu ersticken drohten und im Tunnel einen »unausbleiblichen Schlagfluß« durch die dortige Kühle erleiden könnten. Das Bayrische Obermedicinalcollegium attestierte, daß »schnelle Bewegung bei den Passagieren eine Gehirnkrankheit, eine besondere Art des delirium furiosum, unfehlbar erzeugen« müßte. Zumindest die Zuschauer am Streckenrand sollten durch einen dichten und hohen Bretterzaun vor Unbill bewahrt werden.

Angriffe richteten sich auch direkt gegen Friedrich List. »Heimtücke und List, den Leuten das Geld aus der Tasche zu ziehen!« war nur ein Wortspiel, mit dem man den Eisenbahnpionier bloßstellen wollte. In zahlreichen Eingaben beschwerten sich beunruhigte Bürger über das Projekt. Während Stadtväter beanstandeten, die Trasse führe nicht nahe genug an wichtigen Standorten vorbei, versuchten viele Eigentümer, die Eisenbahn möglichst weit von ihren Grundstücken entfernt zu halten. Ein Windmüller aus Machern klagte gar wegen »abgeschnittenen Windes durch den Bahndamm«. Bauern befürchteten die Senkung des Grundwasserspiegels, prophezeiten eine zu starke Verringerung der Getreideanbauflächen und erwarteten ein »Zu-Tode-Erschrecken noch nicht geschlüpfter Kücken«. Sattler und Wagner sahen ihren Berufsstand bedroht. Besitzer von Straßengasthöfen wiederum bangten um ihre Einkünfte, da sie eine Verlagerung des Verkehrs auf die Schiene prognostizierten.

Oft wurden die wirtschaftlichen Erfolgsaussichten der Eisenbahn allerdings skeptisch und zuweilen mit Sarkasmus beurteilt. Ein Leipziger Professor bekämpfte die Pläne von List als Phantasien eines Projektemachers, die Königlich Leipziger Zeitung versuchte zu beweisen, daß das Unternehmen niemals Bestand haben könne, da ein einziger Eisenbahnzug, um sich zu rentieren, soviel Güter befördern müsse, wie bisher in einem ganzen Monat zwischen Leipzig und Dresden verfrachtet worden seien. Karikaturisten verspotteten das Eisenbahnprojekt, prophezeiten lange Wartezeiten sowie schlechten Komfort für die Reisenden. Und schließlich beschwor man die Gefahr, daß Leipzig durch die neue Verbindung »zur Vorstadt von Dresden« werden könne.

Für die Fernstrecke brachte die »Eisenbahncompagnie« 1,5 Millionen Taler auf, so daß 1835 an mehreren Stellen zugleich der umfangreiche Bau begonnen werden konnte. Mehr als 7000 Arbeiter schütteten Dämme auf, überbrückten Straßen und verlegten die Schienen. 44 Ortschaften und Städte sollte der Schienenstrang miteinander verbinden. Um die Strecke derartig zu führen, mußten elfmal Landstraßen gekreuzt und 167 Wege durchschnitten werden. Flüsse wurden überquert, und sogar ein 600 m langer Tunnel mußte bergmännisch durch Schiefer- und Granitgestein geteuft werden.

Sachsen wurde so das Land mit der ersten deutschen Ferneisenbahn. Hier fanden die Anregungen Friedrich Lists zumindest zu einem Teil ihre Verwirklichung.

Am 24. April 1837 unternahm man die erste Probefahrt von Leipzig nach Alten (heute Bahnhof Borsdorf), am 7. April 1839 konnte die gesamte Strecke von Leipzig nach Dresden eröffnet werden, wobei den ersten Zug die Lokomotiven »Stephenson« und »Elephant« zogen.

Probefahrt der ersten Eisenbahn von Leipzig nach Alten, zeitgenössischer Stich

Ihm folgten zwei weitere Züge, jeder gleichfalls mit zwei Lokomotiven bespannt. Mit diesen Zügen fuhren im ganzen 1062 Personen. Die Wagen faßten 36, 24 oder 18 Gäste. Die ganze Strecke bis Dresden umsäumten trotz des Schneegestöbers Massen von Zuschauern. Ein besonderes Ereignis war die Fahrt durch den Tunnel bei Oberau. [...] *die Bergleute, die an ihm gearbeitet hatten, standen rechts und links mit Fackeln und begrüßten jeden Zug mit einem donnernden Glückauf. Bis Trachau waren viele Dresdner den Zügen entgegengekommen; eine unübersehbare Zahl von Equipagen hielt hier und in Weinböhla.*[19]

Programm zur Eröffnung der Leipzig-Dresdner Eisenbahn

§ 1.

Am 7. April, Nachmittags 1 Uhr, versammeln sich im Bahnhofe zu Leipzig die daselbst zur Eröffnung eingeladenen Personen, der Königliche Commissar, die Mitglieder des Directoriums und Gesellschaftsausschusses, der Ober-Ingenieur und der Bevollmächtigte der Compagnie.

Das mit Fahrbillets versehene Publicum hat freien Zutritt in die durch Aufstellung einer Abtheilung der Communalgarde begrenzten Räume des Bahnhofes.

§ 2.

Nach einer einleitenden feierlichen Musik wird der Königliche Commissar einige auf die Feier bezügliche Worte an die Versammlung richten.

§ 3.

Um $1^{1}/_{2}$ *Uhr wird das erste, um 2 Uhr das zweite Signal mit der Eisenbahnglocke gegeben, worauf alle Eingeladenen sofort ihre Plätze in den auf den Karten bezeichneten Wagenabtheilungen einzunehmen haben und es erfolgt unter Kanonensalven die Abfahrt nach Dresden.*

§ 4.

In Wurzen, Oschatz, Riesa, Priestewitz und Oberau werden die in der Nähe dieser Ortschaften wohnenden Gäste, welche sich, mit ihren Einladungskarten versehen, vor Ankunft des Zuges auf den betreffenden Bahnhöfen bereit zu halten haben, aufgenommen.

§ 5.

Bei der gegen 6 Uhr erfolgenden Ankunft auf dem Bahnhofe zu Dresden findet eine feierliche Begrüssung der Ankommenden, Seiten des Stadtraths und der Stadtverordneten daselbst, statt.

§ 6.

Am 8. April, früh $7^1/_2$ Uhr, haben sich im dasigen Bahnhofe alle eingeladenen Theilnehmer am Festzuge zu versammeln.

§ 7.

Se. Majestät der König und Ihre Majestät die Königin, sowie die Hohen Mitglieder des Königlichen Hauses werden durch Allerhöchst Ihre Gegenwart das Fest zu verherrlichen geruhen und werden durch das Directorium der Compagnie und die zu diesem Ehrendienst erwählte Deputation empfangen und an die für Allerhöchst Dieselben bestimmten Wagen begleitet.

§ 8.

Bei Ankunft der Allerhöchsten und Höchsten Herrschaften auf dem Bahnhof erfolgt das erste und Punkt $8^1/_2$ Uhr das zweite Glockensignal, worauf jeder Eingeladene unverzüglich den auf den Karten bezeichneten Wagenplatz einzunehmen hat; und eine Kanonensalve verkündet die Abfahrt.

§ 9.

Besondere Feierlichkeiten auf den verschiedenen Anhaltspunkten können wegen Kürze der Zeit nicht statt finden.

§ 10.

Nach der Ankunft des Festzuges in Leipzig, welche ebenfalls durch Abfeuerung von Kanonen bezeichnet wird, werden die Allerhöchsten und Höchsten Herrschaften ein Déjeuner dinatoire *einzunehmen geruhen, welchem die eingeladenen Personen beiwohnen.*

§ 11.

Zwischen 2 und 3 Uhr erfolgt unter gleicher Anordnung wie bei der Abfahrt die feierliche Rückfahrt nach Dresden.

§ 12.

Unmittelbar nach den Festzügen gehen von Leipzig und von Dresden Dampfwagenzüge zum Dienste des Publicums mit Plätzen aller 3 Klassen ab und es ist hierbei Veranstaltung getroffen, dass alle Züge möglichst gleichzeitig an den Endpunkten eintreffen.

Das Directorium der Leipzig-Dresdner Eisenbahn-Compagnie.
Gustav Harkort, *Vorsitzender.*
F. Busse, *Bevollmächtigter.*

Am 9. April 1839 begann mit einem Bestand von 16 Lokomotiven sowie 47 Wagen III.Klasse (offen), 26 Wagen II.Klasse (mit Dächern und Vorhängen), 14 Wagen I. Klasse (geschlossen) und 47 Güterwagen der fahrplanmäßige Betrieb. Anfangs fuhren täglich zwei Züge in jede Richtung. Die Fahrpreise für die gesamte Strecke betrugen 3 Taler in der I., 2 Taler in der II. und 1 Taler 6 Groschen in der III. Klasse. 40 Pfund Gepäck durften frei mitgeführt werden. Für 100 Pfund waren 80 Pfennig, für 150 Pfund 1,60 Mark, bis 200 Pfund 1 Taler zu bezahlen. Zugleich gab es anfangs noch eine Taxe für »garantiertes Reisegepäck«: für die gesamte Strecke bis 40 Pfund 80 Pfennig, bis 100 Pfund 1,60 Mark, bis 150 Pfund 3,70 Mark.

Bemerkenswert ist ferner, daß man seinen eigenen Reisewagen (Equipage) aufladen und in ihm auch die Fahrt verbringen konnte. Eine derartige Beförderung kostete zum Beispiel für einen Viersitzer mit zwei Pferden 37,20 Mark für die Pferde, 25,75 Mark für den Wagen, 4,80 Mark pro Passagier im Wagen und 3 Mark für jeden Passagier auf dem Bock.

Natürlich fehlte es anläßlich der Eröffnung der ersten deutschen Fernbahn nicht an kuriosen Begleiterscheinungen. Eine Firma empfahl, besonders für Fahrten im offenen Wagen, Dampfwagenbrillen. Feine »Canaster-Dampfwagen-Zigarren« zu zwei Groschen das Stück sollten für die gesamte Fahrt von Leipzig nach Dresden reichen.

Bereits am 7. April 1839 bediente sich auch die Post zum ersten Mal der Eisenbahn. Die Züge nahmen nun regelmäßig Briefe, Zeitungen, Geldsendungen und »Packereien« mit.

Verhaltensmaßregeln für Reisende nach neuesten Erfahrungen
[Bahnhofsanschlag um 1845]

1. *Ein sehr guter Grundsatz ist, seinen Platz innezuhalten und ihn nicht eher zu verlassen, bis man am Ort seiner Bestimmung angelangt ist. Wenigstens steige man so selten wie möglich aus.*

2. *Man wähle seinen Platz so möglich in einem Wagen, in oder doch wenigstens so nahe als möglich in der Mitte des Zuges.*

3. *Im Wagen sitzend hüte man sich, die Beine oder sonst ein Glied des Körpers an seiner Beweglichkeit zu hindern. Während der Reise halte man*

keine Stöcke oder Schirme vor sich im Wagen, noch weniger bringe man sie an den Mund oder stütze den Kopf darauf.

Ebenso ist es nicht ratsam, auf der Reise aus Pfeifen zu rauchen, die infolge rascher Verminderung der Geschwindigkeit das Einstoßen von Zähnen, Gaumen usw. herbeiführen könnte.

4. *Man lehne den Kopf während der Fahrt nie gegen ein geschlossenes Fenster. Durch einen seitlichen Ruck, den der Wagen erleidet, wird man sonst in die Fensterscheibe gestoßen und verletzt sich das Gesicht.*
5. *Man suche beim Eisenbahnreisen immer einen solchen Platz zu gewinnen, daß man mit dem Rücken der Maschine zu sitzt, weil 85 bis 90% der Stöße immer in der Richtung von vorn nach hinten erfolgen, daher der Reisende dann nicht von seinem Sitz geschleudert, sondern vielmehr gegen die Lehne gepreßt wird.*
6. *Man bleibe nicht in einer verladenen Postkutsche sitzen, sondern wähle lieber den Platz in einem Eisenbahnwagen, weil man dort noch sicherer ist.*
7. *Es ist nicht gestattet, während der Fahrt in einem offenen Wagen oder auf einem Obersitz zu stehen. Das Klettern über die Seitenwände ist verboten.*
8. *Das Nachlaufen zurückgebliebener Personen hinter dem abgehenden Zug soll polizeilich bestraft werden.*
9. *Wenn ein Zug von einem Unglück betroffen wird, so ist es sehr ratsam, den Wagen besser zu verlassen, als darin sitzen zu bleiben.*
10. *Man hüte sich ferner vor dem plötzlichen Einfall, aus dem Zuge zu springen, um einen Hut, den der Wind fortgerissen hat, wieder einzuholen, oder ein Paket, das einem aus den Händen gefallen ist.*
11. *Auf dem Wagendach zu sitzen, soll man auf jeden Fall vermeiden.*

Bekanntmachung und Aufforderung

Da sich nur schwer darüber wachen läßt, daß nicht von dem bei der An- und Abfuhr der Güter beschäftigten Dienstpersonale der Leipzig-Dresdner Eisenbahn, des bestehenden strengen Verbotes ungeachtet, doch hin und wieder Trinkgelder *außer den ordnungsgemäßigen Gebühren für dienstliche Verrichtungen beansprucht, oder den mit Trinkgeldern begleiteten dienstlichen Aufträgen ein unstatthafter Vorzug eingeräumt werde: so richten wir an das betheiligte verehrliche Publikum hiermit das ergebenste Ersuchen: nicht nur jeden Fall, wo ein dergleichen Trinkgeld – auf welche Weise es immer sei – beansprucht werden sollte, zu unserer Kenntniß zu bringen, sondern auch selbst das freiwillige Anbieten von Trinkgeldern an unsere Bediensteten in Zukunft gänzlich unterlassen zu wollen.*

Leipzig, den 24. September 1859.
Directorium der Leipzig-Dresdner Eisenbahn-Comp.

Leipzig-Dresdner Eisenbahn.

Bei Feuerlärm, Tumult und ähnlichen Ereignissen sind sämmtliche Angestellte der Compagnie sowie die Arbeiter in den Werkstätten verpflichtet, sich sofort auf dem Bahnhofe zu versammeln, ihre Namen in dem bei dem Portier ausliegenden Buche eigenhändig einzuschreiben und den Bahnhof nicht eher wieder zu verlassen, bis sie dazu die ausdrückliche Erlaubniß ihrer Vorgesetzten erhalten haben. Jeder, welcher dieses unterläßt, wird, wenn er nicht genügende Entschuldigung beibringen kann, mit einer Ordnungsstrafe von **10** Ngr. belegt. Dagegen haben aber auch diejenigen sieben Personen, welche bei solchen Ereignissen zuerst auf dem Sammelplatz erscheinen (worunter natürlich die Wächter, sowie die im Bahnhofe Wohnenden und die, welche augenblicklich daselbst beschäftigt sind, nicht gemeint sein können) auf folgende Prämien Anspruch, als:

der Erste auf Einen Thaler,
der Zweite, Dritte und Vierte jeder auf 20 Ngr.,
der Fünfte, Sechste und Siebente jeder auf 10 Ngr.

Auf auswärts, d. h. auf den umliegenden Dörfern Wohnende und solche, in deren Wohnungsnähe Feuer ausgebrochen, leiden diese Bestimmungen keine Anwendung.

Leipzig, den **5.** Juni **1848.**

Das Directorium
der Leipzig-Dresdner Eisenbahn-Compagnie.

Gustav Harkort, Vorsitzender.
F. Busse, Bevollmächtigter.

Anweisungen für Fahrgäste, 1848

Im ersten Jahr des Bestehens beförderte die Leipzig-Dresdner Eisenbahn fast 412000 Personen. Allein zur Neujahrsmesse 1840 kamen 13000 Personen mit der Bahn nach Leipzig. Fünfundzwanzig Jahre später hatte sich die Zahl der Reisenden verdreifacht, der Güterverkehr war auf das mehr als dreißigfache gestiegen. Auf der seit dem 1. Oktober 1840 zweigleisigen Strecke rollten 1865 46 Lokomotiven, 130 Personen- und 896 Güterwagen. Die Eisenbahn wurde zu einem wichtigen Faktor industrieller Entwicklung. Ende der sechziger Jahre konnten schon über 1000 km Schienenstrang befahren werden. Leipzig wies mittlerweile mehrere Bahnhöfe auf, von denen aus die Züge in alle Himmelsrichtungen abfuhren. Bis 1876 entstanden sechs Anlagen:

Dresdner Bahnhof

Der erste in Leipzig errichtete Bahnhof war der Dresdner Bahnhof. Sein Hauptgebäude, das auch als »Personeneinsteigschuppen«

bezeichnet wurde, wies eine Länge von etwa 54 m und eine Breite von 26 m auf. Vom Architekten Eduard Poetzsch projektiert, entstand er in den Jahren 1838 und 1839 nordöstlich des Stadtkerns, auf der heutigen Ostseite des Hauptbahnhofes. 1380 m^2 Fläche wurden überbaut.

Als Ausgangs- und Endpunkt der ersten deutschen Ferneisenbahn erhielt der Dresdner Bahnhof eine mit drei Toren versehene Personenhalle. Sie diente als Empfangsgebäude und bestand aus einer hölzernen, je zwei Gleise für An- beziehungsweise Abfahrt überspannenden Halle, an die seitlich schmale Betriebsräume angegliedert waren. Zur Ausfahrtsseite hin war die Halle völlig offen. Ihre Bohlendachkonstruktion ruhte auf mit Kapitellen verzierten freistehenden Säulen, deren Gründung über 1,7 m durch Moorboden in den tragfähigen Baugrund geführt werden mußte. Bei diesen Arbeiten mußte vom Direktorium unter der Aufsicht von Eduard Poetzsch eine für damalige Zeiten ungewöhnliche neue Bauaufgabe bewältigt werden, gab es doch für einen Bahnhof in Deutschland noch kein Vorbild.

Vor der Personenhalle lagen zur Stadt hin ein Steuereinnehmer- und ein Portierwohnhaus, östlich davon ein Güterschuppen und südlich eine Wagenremise, ein Pferdestall, das Holzmagazin und bereits eine Wagenbauanstalt.

Schon kurz nach der Eröffnung erhielt die Anlage acht kleine seitliche Anbauten. Zudem ergänzte ein Dachreiter die Ansicht zur Stadt. Später wurden vier Ecktürme und seitlich dazwischen Empfangs- und Restaurationsgebäude angebaut, der Dachreiter erhöht und mit einer sichtbaren Glocke versehen. Die Giebelseite erhielt zwei weitere Öffnungen, durch die die Reisenden den Bahnhof betreten konnten.

Infolge der unvorhersehbar schnellen Entwicklung des Eisenbahnverkehrs erwiesen sich schon zu Beginn der sechziger Jahre die alten Anlagen als unzureichend. Selbst Erweiterungen konnten nur kurzzeitig Entlastung bringen, so daß man sich schließlich für einen völligen Umbau entschied.

1862 begann man mit den Arbeiten. Nachdem Verhandlungen mit der Magdeburg-Leipziger Eisenbahngesellschaft über einen gemeinschaftlichen Bau der beiden angrenzenden Bahnhöfe gescheitert waren, wurde die alte Personenhalle 1864 abgebrochen und bis 1866 durch ein völlig neues Gebäude ersetzt. Der nun schmiedeeiserne Dachstuhl wies Polonceau-Binder* auf, die damit vermutlich zum ersten Mal in Sachsen zum Einsatz kamen. Aufgelagert waren diese Binder auf hohlen Gußeisensäulen, welche die Entwässerung der längsseits zur Halle geneigten Bahnsteigdächer gewährleisteten. Das Projekt stand unter der Leitung des Dresdner Oberingenieurs Poege und des Leipziger Architekten Hetzel.

Betriebstechnisch bedeutete der Neubau allerdings keinen großen Fortschritt. Die Bahnsteighalle blieb viergleisig, anstelle der kleinen Drehscheibe trat eine größere. Der Bahnsteig am Empfangsgebäude wurde zwar verlängert, diente aber nach wie vor gleichzeitig dem abgehenden und ankommenden Verkehr. Eine Verbreiterung der Anlagen war aufgrund des danebenstehenden Magdeburger Bahnhofes nicht möglich.

Etwa 36000 m^3 umbauter Raum entstanden. Das Bahnhofsgebäude setzte sich aus sieben durch die Halle und den Bahnsteig verbundenen Bauteilen zusammen, die entsprechend dem Zeitgeschmack auf Repräsentation ausgerichtet waren. Zum Vorplatz hin versuchte man, die Administrationsgebäude, das Hallenabschlußbauwerk und den Turm dem Magdeburger Bahnhof anzugleichen.

Der Dresdner Bahnhof wurde 1913 als letzter der drei benachbarten Bahnhöfe, die auf dem Gelände des neu zu errichtenden Hauptbahnhofes standen, abgebrochen.

Magdeburger Bahnhof

Im Jahr 1840 wurde der Magdeburger Bahnhof eingeweiht. Unmittelbar neben dem Leipzig-Dresdner Bahnhof gelegen, war er Ausgangspunkt der Eisenbahnlinie nach Halle und Magdeburg. Das in traditioneller Zimmermannskonstruktion, jedoch unter Verwendung großer Holzquerschnitte gefertigte Gebäude bestand hauptsächlich aus einer vierschiffigen Bahnsteighalle. Zur Stadt hin waren dieser symmetrisch zwei kleine, zweigeschossige Bauten vorgelagert. Die Promenadenseite des klassizistisch anmutenden Bahnhofs schmückte eine säulengetragene Attika. Die Längsseiten wurden später durch kleine Hallen komplettiert, die dem Zu- und Abgang dienten. Vor dem Gebäudekomplex be-

fanden sich das Kassen- und Portierhaus sowie eine kleine Drehscheibe zur Überführung von Wagen.

Um den ständig steigenden Anforderungen gerecht zu werden, entstand in den Jahren 1862 und 1863 beiderseits einer dreigleisigen Anlage ein neues Empfangsgebäude. Dieses war in einen Bereich für die Ankunft sowie einen für die Abfahrt getrennt.

Der preußische Hang zur Sparsamkeit dokumentierte sich im Fehlen einer Halle über den Gleisen. Lediglich die Bahnsteige erhielten auf der Gebäudelänge ein kleines Pultdach. Mit verschiedenen, aus dem mittelalterlichen Burgenbau entlehnten Architekturelementen wollte man die Reisenden vermutlich von den nach wie vor vorhandenen Unzulänglichkeiten ablenken. Die eingeengte Lage gestattete keine Erweiterungen. So mußte schließlich der Güterverkehr ausgelagert werden.

Mit dem Bau des Hauptbahnhofes übernahm der Magdeburger für kurze Zeit die Aufgaben des Thüringer Bahnhofes, ehe auch er 1912 geschlossen und schließlich abgebrochen wurde.

Bayrischer Bahnhof

Mit der Eröffnung der Strecke Leipzig–Altenburg, einem Teil der ersten deutschen Nord-Süd-Eisenbahnverbindung, wurde am 19. Februar 1842 auch der Bayrische Bahnhof in Betrieb genommen, der allerdings erst zwei Jahre später gänzlich fertiggestellt sein sollte. Bis zur Einweihung des Empfangsgebäudes und der Bahnsteighalle mußten die Wagen- und Güterschuppen den Personenverkehr aufnehmen.

Unter der Leitung von Eduard Poetzsch entstand eine 95 m lange, 27 m breite und bis zum Dachfirst 13 m hohe Personenhalle, die etwa 30 000 m^3 Raum einnahm. Die für damalige Zeiten ungewöhnliche Länge war auf den großen Personenverkehr zurückzuführen, der während der Messen zu bewältigen war. Die basilikale Halle wurde von einer schweren hölzernen Dachkonstruktion überspannt (3 Hängewerke*), welche auf 20 Eichensäulen ruhte, die aufgrund ihrer Abmessungen aus Böhmen herbeigeschafft werden mußten.

Mit der Übernahme der sächsisch-bayrischen Eisenbahn durch den sächsischen Staat im Jahre 1847 wurde der Bayrische Bahnhof zum ersten Staatsbahnhof auf deutschem

Boden. Durch seine Lage blieb er auch nach der Vereinigung der Dresdner, Berliner, Magdeburger und Thüringer Anlagen zum Hauptbahnhof in Betrieb. Am 4. Dezember 1943 zerstörten Bomben die Hallenkonstruktion. Auch weitere Anlagen wurden in Mitleidenschaftgezogen. Noch heute jedoch steht der Bahnhof, dessen Portal in den vergangenen Jahren renoviert wurde, für den Nah- und Güterverkehr zur Verfügung. Er ist damit der älteste Bahnhof Europas, der dem Grundrißtyp eines großen Endbahnhofes folgt. Ein bereits lange diskutierter gänzlicher Wiederaufbau als Museumsanlage ist noch nicht abzusehen.

Thüringer Bahnhof

In den Jahren 1856 und 1857 wurde der Thüringer Bahnhof errichtet. Das Bedürfnis Leipzigs, an die Eisenbahnlinie Dresden–Halle–Erfurt angeschlossen zu werden, bestand schon seit langem. Im März 1856 war durch die Zweigstrecke Leipzig–Corbetha eine direkte Verbindung nach Weißenfels

geschaffen worden. Ein Jahr zuvor hatte die Direktion der Thüringischen Eisenbahngesellschaft bereits im Norden Leipzigs die sogenannte Gerberwiese erworben, auf der nun der notwendig gewordene Bahnhof entstand. Das moorige Gelände machte beim Bau der Gebäude allerdings enorme Gründungsarbeiten erforderlich, wie sie in Deutschland bis zu diesem Zeitpunkt noch nicht durchgeführt worden waren. Über ein Meter des Bodens mußte abgetragen werden, etwa 550000 m^3 Kiessand wurden verfüllt. Mit Rammen brachte man aus einer Fallhöhe von 3–3,50 m Betonfertigteile in den Baugrund ein, eine Methode, die zuerst an einem Nebengebäude getestet werden mußte. Nachdem man hier genügend Erfahrung gesammelt hatte, begann man mit den Arbeiten am Empfangsgebäude und an der Personenhalle. 26000 m^3 umbauter Raum entstanden, die schließlich überbaute Fläche betrug 2659 m^2.

Der Kopfbau des Bahnhofes erhielt einen vierbogigen Hallenabschluß und flankierende Türme mit anschließenden Flügelbauten, welche die Trennung des ankommenden und abfahrenden Verkehrs gewährleisteten. Im Mittelbau der Ostseite der Anlage befanden sich die Eingangshalle mit der Fahrkartenausgabe, die Gepäckaufbewahrungsräume, die Wartezimmer sowie die Toiletten.

Auch die Bahnsteige waren für Abfahrt und Ankunft getrennt. Die Halle wurde von einer freitragenden, schmiedeeisernen Gitterkonstruktion überspannt.

Der Gebäudekomplex, der eine Länge von 95 m, eine Breite von 27,8 m und eine maximale Höhe von 11 m aufwies, wurde am 1. Oktober 1907 geschlossen und als erster der drei benachbarten Leipziger Bahnhöfe abgebrochen, um den von Westen nach Osten fortschreitenden Bauarbeiten am Empfangsgebäude des neuen Hauptbahnhofes Platz zu machen.

Berliner Bahnhof

Mit der Errichtung des Berliner Bahnhofes in den Jahren 1858–1859 sollte die direkte Verbindung zwischen Berlin und Leipzig einen würdigen und modernen Ansprüchen genügen-

den Abschluß finden. Vorausgegangen war der Bau der Eisenbahnlinie von Wittenberg über Bitterfeld nach Halle sowie von Bitterfeld nach Leipzig beziehungsweise Dessau. Diese Maßnahmen waren erst am 12. Dezember 1856 durch den Abschluß eines Vertrages zwischen dem preußischen und dem sächsischen Staat möglich geworden, der eine Weiterführung der Trasse von Bitterfeld über die sächsische Landesgrenze hinaus bis nach Leipzig regelte. In den Jahren 1856–1858 konnte die Strecke errichtet und am 1. Februar 1859 in Betrieb genommen werden. Damit war zugleich der Anschluß der Berliner Bahn an das sächsische, bis Hof reichende Netz vollzogen und der vormals notwendige Umweg über »Cöthen« hinfällig geworden.

Die Standortwahl für den Bahnhof weit außerhalb der Stadt auf der 21 Hektar großen »Petscha'er Mark« bot die Gelegenheit, eine großzügige Anlage zu errichten, die bis zu ihrer Schließung den Bedürfnissen entsprechend erweiterungsfähig blieb. Über den Durchgangsbahnhof verlief nach dem 1879 erfolgten Bau der Verbindungsbahn zum Bayrischen

Bahnhof die einzige direkte Strecke zwischen Preußen und Bayern.

Mit der vom Berliner Bahnhof ausgehenden Linie Zerbst–Magdeburg wurde Leipzig zudem zum zweiten Mal mit Magdeburg verbunden, diesmal über Bitterfeld und Dessau.

Die für Ankunft und Abfahrt getrennten Empfangsgebäude lagen am Abzweig der Berliner Straße, gegenüber der einmündenden Apelstraße und somit direkt am Betriebshof der Leipziger elektrischen Straßenbahn. Die spätklassizistische Architektur war bewußt einfach gehalten. Zur Verwendung kamen übliche Materialien wie Mauerwerk aus gebrannten Ziegeln und Holzdachstühle.

Das 16000 m^2 große Betriebsgelände wies des weiteren alle notwendigen Anlagen wie 22 km Gleise, 110 Weichen, große Güter- und Zollschuppen, Speicher und Werkstätten, Verladeeinrichtungen sowie einen Ringschuppen für neun Lokomotiven auf. Bemerkenswert waren eine Reihe von »Privatgleisanschlüssen an die Leipziger Wollkämmerei, an die Baufabrik von Wenk und ein Verbindungsgleis nach dem Gontard'schen Areal für Fabrikanlagen.«[20]

Am 1. Oktober 1912 wurde der Bahnhof für den Reiseverkehr geschlossen und dann abgebrochen.

Eilenburger Bahnhof

Als letzter der sechs alten Bahnhöfe Leipzigs entstand in den Jahren 1874–1876 der Eilenburger Bahnhof. Er wurde zum Ausgangspunkt der Zweigbahn nach Eilenburg, welche die Messestadt mit der Linie Halle–Sorau–Guben verband. Die zwischenzeitlich auch ins Auge gefaßte Variante, die Eilenburger Strecke im Thüringer Bahnhof enden zu lassen, wäre erheblich teurer als die schließlich ausgeführte kürzere, mit weniger Kurven und Brücken versehene Trasse gewesen. Nach einjähriger Bauzeit konnte 1874 der Betrieb aufgenommen werden. Der Bahnhof selbst, projektiert vom Dresdner Architekten Steche, entstand in der Reudnitzer Flur auf einer damals noch fast unbebauten Fläche von 2100 m^2. Die Kosten beliefen sich auf 565000 Mark.

Ähnlich dem Thüringer besaß der 115 m lange Eilenburger Bahnhof eine gabelförmige Gleisanlage. Die für den Personenverkehr bestimmten Gleise lagen an der Reichpietzschstraße, die für den Güter- und Rangierbetrieb an der Eilenburger Straße. Dazwischen errichtete man u. a. das Empfangsgebäude, ein Mauerwerksbau, der unter reicher Verwendung von Terrakotta und Greppiner Verblendstein ausgeführt wurde. Der kräftig hervortretende Mittelbau überragte die zweigeschossigen Flügel um ein Stockwerk.

Über eine Vorhalle, zu deren linker und rechter Seite jeweils Toiletten angeordnet waren, gelangte man in das »Vestibül«, dessen kassettierten Decken von vier gußeisernen Säulen getragen wurden. Ebenfalls über zwei Geschosse geführt waren die Warte- und Speisesäle im linken und rechten Seitenflügel. Auch sie enthielten von gußeisernen Säulen getragene, reich gestaltete Kassettendecken. Zwischen den Hallen und dem »Vestibül« lagen u. a. die Gepäckaufnahme, die Fahrkartenausgabe, ein Telephonraum und die Verbindungsgänge zu den Speisesälen, die wiederum einen direkten Zugang zu den Bahnsteigen hatten. Eine Besonderheit war die zur damaligen Zeit noch nicht alltägliche Luftheizungsanlage, die von einer Dresdner Firma eingebaut worden war.

Am 1. Mai 1915 übernahm der neue Hauptbahnhof den Fernverkehr des Eilenburger Bahnhofes. Mit dem 2. November 1942 wurde der gesamte Vorortverkehr Richtung Taucha–Eilenburg eingestellt. Zwei Jahre später fiel der Eilenburger Bahnhof den Bombenangriffen zum Opfer. Heute ist von den einstigen Anlagen nichts mehr zu sehen.

Die Eisenbahn stellte aber auch neue Kategorien von Bauaufgaben, die zunächst unter Nutzung traditioneller Mittel gelöst wurden, so etwa beim Abteufen des Tunnels bei Oberau durch Freiberger Bergleute, bei der Errichtung der Viadukte über das Göltzsch- bzw. Elstertal, den man mit Mauerziegeln analog den römischen Aquädukten durchführte, oder beim Bau der Bahnhofsgebäude und -anlagen in Leipzig (Dresdner Bahnhof und Bayrischer Bahnhof).

Der wirtschaftliche Vorteil auch für den Personentransport war erwiesen. Die Aktien warfen Dividenden ab, so daß der Eisenbahnbau in Sachsen zur gefragtesten Kapitalanlage wurde. Bereits seit 1840 konnten die sächsischen Eisenbahngesellschaften Staatskredite aufnehmen, auch um mit Preußen Schritt halten zu können.

Im sächsischen Industriegebiet kam es zu einem umfangreichen Ausbau des Eisenbahnsystems. So wurde von Zwickau und Chemnitz aus das Erzgebirge und das Vogtland erschlossen. Binnen kürzester Zeit entstanden eine Reihe von Leipzig ausgehender oder dort einmündender Linien, die von unterschiedlichen Eisenbahngesellschaften betrieben wurden.

Neueröffnungen von Bahnlinien

18. August 1840:	nach Halle–Magdeburg
19. September 1842:	nach Altenburg und ab 16. Juli 1851 weiter nach Hof
22. März 1856:	nach Corbetha–Frankfurt
1. Februar 1859:	nach Bitterfeld–Berlin
28. Oktober 1866:	nach Grimma
1. April 1874:	nach Eilenburg

Nach 1871, gefördert insbesondere durch die finanziellen Mittel der Kriegskontributionen Frankreichs, wurden binnen vier Jahren allein in Sachsen 50 Eisenbahngesellschaften gegründet, mehr als in den 35 Jahren vorher. Während der folgenden Wirtschaftskrise standen viele von ihnen vor dem Bankrott. Ihre Aktionäre traten daraufhin aus finanzpolitischen Erwägungen für ein reines Staatsbahnsystem ein.

Bis zum Jahre 1888 hatte der sächsische Staat fast alle ursprünglich Privatgesellschaften gehörenden Eisenbahnen aufgekauft. Die unübersehbaren Vorteile, die die sächsische Industrie durch die Eisenbahn erzielen konnte, aber auch die geringe Kapitalkraft des sächsischen Bürgertums, hatte seit 1848 den Staat zu einer ständig wachsenden Beteiligung am Bahnbau bewogen. Bereits 1870 gehörten gut 40 Prozent der Eisenbahn dem Staat.[21] Auf das Bismarcksche Reichseisenbahnprojekt reagierte Sachsen vor allem aus ökonomischen Gründen mit einer verstärkten Staatsbahnpolitik.

1876 übernahm der sächsische Staat die Leipzig-Dresdner Eisenbahn. Da man dringend ein einheitliches Staatsbahnnetz schaffen wollte, aber auch wegen der bisher erzielten hohen Gewinne einiger Aktionäre, die sich nicht, wie andere, zum Verkauf gezwungen sahen, bezahlte der Staat den erheblichen Preis von über 100 Millionen Mark.[22] Die Verstaatlichung ermöglichte den notwendigen weiteren Ausbau, so daß 1914 3403 km Schienenstrang, darunter zahlreiche schmalspurige Nebenbahnen, fertiggestellt waren. Den Anforderungen der Wirtschaft entsprechend baute man bevorzugt die Eisenbahnlinien um Zwickau, Chemnitz, Annaberg und der südlichen Lausitz aus.

Der gewaltige Aufschwung, den der Bau der Eisenbahnstrecken auslöste, dokumentierte sich immer häufiger in an den Trassen entstehenden Industriekomplexen, so beispielsweise in Leipzig-Plagwitz, an der Strecke Dresden–Pirna zwischen Reick und Niedersedlitz oder entlang der Elbe bei Coswig. In der Nähe der Bahnhöfe wurden Einrichtungen des Handels, des Beherbergungs- und Gaststättengewerbes sowie im Bereich der Güterbahnhöfe Niederlassungen von Industrie- und Speditionsunternehmen errichtet.

In Leipzig entstanden mit den verschiedenen Bahnhöfen und Anlagen, aber auch mit der Zunahme des Personen- und

Güterverkehrs zum Teil unhaltbare und demnach verbesserungsbedürftige Zustände. Bereits 1847, kurz nach Eröffnung des dritten unmittelbar im Zentrumsbereich errichteten Bahnhofes (Thüringer Bahnhof), erschien in Leipzig eine von J. G. Günther und Carl Heyne verfaßte Schrift mit dem Titel »Wie können die Bahnhöfe Leipzigs am zweckmäßigsten und vorteilhaftesten verbunden werden?«. Schon zu diesem frühen Zeitpunkt traten die Verfasser, die die große Bedeutung der Eisenbahn für die zukünftige Entwicklung der Stadt Leipzig erkannt hatten, im Interesse einer Erleichterung und Verbesserung der Verkehrsanschlüsse für eine Verbindungsbahn zwischen den drei Bahnhöfen, d. h. für eine zusammenhängende Bahnhofsanlage, ein.

Ständig erfolgte in den darauffolgenden Jahren eine Ergänzung bzw. Erweiterung der Leipziger Bahnhöfe. Anlaß waren zumeist die Inbetriebnahmen neuer Bahnlinien.

Inbetriebnahme neuer Eisenbahnlinien

Vom Leipzig-Dresdner Bahnhof aus:
- Ende der sechziger Jahre eine zweite Linie nach Dresden über Döbeln,
- Ende der achtziger Jahre eine Linie nach Geithain bis Chemnitz.

Vom Thüringer Bahnhof aus:
- Anfang der siebziger Jahre eine Linie über Zeitz nach Probstzella.

Vom Berliner Bahnhof aus:
- 1876 eine Linie von Zerbst, d. h. eine zweite Linie nach Magdeburg.

Vom Bayrischen Bahnhof aus:
- Ende der sechziger Jahre die Linie über Borna nach Chemnitz,
- Ende der siebziger Jahre eine Linie nach Gaschwitz und Meuselwitz.

Dadurch wurden der Bau neuer Gleisanlagen, die Verlängerung bestehender sowie die Errichtung neuer Bahnsteige, aber auch die Erweiterung der vorhandenen Anlagen für den Maschinendienst durch die Errichtung geräumiger Heizhaus-

Der Dresdner Bahnhof nach dem Umbau im Vordergrund (rechts Empfangsgebäude)

und der Magdeburger Bahnhof im Hintergrund

und Bekohlungsanlagen erforderlich. Sehr schnell veralteten die Bahnhöfe und Anlagen, die bis auf wenige Ausnahmen weder großzügig noch zukunftsorientiert gestaltet wurden bzw. werden konnten, da z. B. die vorhandenen Flächen eine Erweiterung nicht zuließen. So konnten sie den ständig steigenden Ansprüchen nicht gerecht werden.

Selbst die ab den sechziger Jahren durchgeführten umfangreichen Umbauten auf den Bahnhöfen der Leipzig-Dresdner Eisenbahn und der Thüringer- bzw. Magdeburger Bahn erbrachten nur minimale und zudem immer zeitlich begrenzte Verbesserungen. Bevor man auf sächsischer Seite mit der Planung eines Neubaus des Dresdner Bahnhofes in Leipzig begann, trat man mit der Preußen gehörenden Magdeburg-Leipziger-Eisenbahngesellschaft wegen eines »gemeinschaftlichen und übereinstimmenden Baus der beiden aneinander grenzenden Bahnhöfe in Verhandlungen«[23], die aber zu keinem Ergebnis führten. Unmittelbar danach, im Jahre 1862, begann man, den Magdeburger Bahnhof umzugestalten.

Es wirft sich die Frage auf, wie es kam, daß Preußen auf sächsischem Territorium Eisenbahnanlagen errichten durfte?

In dem 1866 zwischen Preußen und Österreich geführten Krieg stand Sachsen in »aktiver Neutralität« zu Österreich. Durch die Niederlage Österreichs in der Schlacht bei Königgrätz am 3. Juli 1866 hatte Sachsen die Folgen des Friedensvertrages vom 23. August des gleichen Jahres mit zu tragen. So konnte Preußen fortan u. a. selbst oder durch von ihm konzessionierte Privatbahnen uneingeschränkt Eisenbahnverkehr betreiben und demnach auch Bahnhöfe errichten.

Auch die Anlagen für den Güterverkehr erfuhren wie die für den Personenverkehr ständige Veränderungen und zum Teil Erweiterungen. Neue Schuppen, Speicher und Ladegleise wurden gebaut. Auf preußischer Seite entstanden in Leutzsch, Eutritzsch und Schönefeld, auf sächsischer in Engelsdorf und Gaschwitz Vorordnungsanlagen bzw. Vorrangierstationen. In Plagwitz wurde mit dem Bau der Linie nach Zeitz–Gera–Probstzella ein preußischer Bahnhof und 1879 durch die von der sächsischen Staatseisenbahnverwaltung bewirkte Einrichtung der Trasse nach Gaschwitz ein sächsischer Bahnhof geschaffen. Der Frachtweg der Kohle aus dem

Zwickauer und Meuselwitzer Becken konnte damit wesentlich verkürzt werden.

In Verbindung mit den neuen preußischen und sächsischen Bahnhöfen entstand auf Betreiben des Leipziger Großindustriellen Karl Heine ein weitverzweigtes Netz von Fabrikanlagen mit den notwendigen Ladestellen, die Plagwitz schnell zum wichtigsten Industriestandort Leipzigs und der Umgebung machten. Das bedeutete aber auch, daß die Herstellung einer Verbindungsbahn zwischen Plagwitz und dem Bayrischen Bahnhof immer dringender wurde. Sie entstand 1888 im Auftrag der sächsischen Staatseisenbahnverwaltung als besondere Güterverbindungsbahn. Zugleich wurde der sächsische Bahnhof in Plagwitz weiter ausgebaut.

Aber auch auf folgende Situation weist Rothe in seiner umfangreichen Darstellung der Leipziger Bahnanlagen hin:

Auf dem [...] *Leipzig-Dresdner-Bahnhof machten sich, was der Denkwürdigkeit halber erwähnt sein möge, besonders umfängliche Gleiserweiterungsarbeiten aus dem Grunde nötig, weil im Jahre 1884 das Linksfahren, was in Sachsen bis dahin allein auf der Leipzig-Dresdner-Bahn beibehalten worden war, als weiterhin unhaltbarer Betriebszustand aufgegeben und auch dort der Rechtsbetrieb eingeführt werden mußte.*[24]

Für die Reisenden war Leipzig, seiner Lage entsprechend, Zwischenstation auf dem Weg von Magdeburg nach Chemnitz, von Bremen über Hannover nach Dresden und Prag sowie Verbindungsort zwischen Kassel und Dresden bzw. Berlin und München. So gab es im Durchgangsverkehr seit Bestehen der verschiedenen Bahnhöfe immer Probleme beim Übergang von einer Station zur anderen. Dem Weiterleiten der Personenwagen (Kurswagen) hatte man bei der getrennten Lage der Bahnhöfe keine Aufmerksamkeit geschenkt. So konnten komplette Züge nur von der Berliner Strecke über die Berlin-Hofer-Verbindungsbahn zum Bayrischen Bahnhof geleitet werden.

Die ganze Situation kann man sich etwa so vorstellen: Kofferschleppende Reisende hasten durch die Stadt, gut Betuchte schreien voller Not nach Droschken oder Gepäckträgern, andere wiederum versuchen mit der Pferdebahn mitzukommen – alle besorgt, ihre Anschlußzüge nicht zu verpassen.

Als Durchreisender mußte man die erheblichen Entfernungen zwischen den sechs über das Stadtgebiet verteilten Bahnhöfen bewältigen. Wer z. B. von Dresden nach Altenburg wollte, hatte rund zwei Kilometer zu überwinden, ehe er sich im Abteil der seinem Geldbeutel entsprechenden Klasse niederlassen konnte. Wollte er nach Magdeburg, hatte er Glück: 300 m waren bei schönem Wetter kein großes Problem. Wer allerdings am Bayrischen Bahnhof aussteigen mußte und nach Berlin weiterreisen wollte, hatte vier Kilometer Strecke hinter sich zu bringen.

Entfernungen zwischen den Leipziger Bahnhöfen, jeweils gerechnet von der Ankunfts- bis zur Abfahrtshalle[25]

2125 m zwischen dem Dresdner und Bayrischen Bahnhof
1925 m zwischen dem Dresdner und Eilenburger Bahnhof
340 m zwischen dem Dresdner und dem Magdeburger Bahnhof
600 m zwischen dem Magdeburger und Thüringer Bahnhof
1850 m zwischen dem Thüringer und dem Berliner Bahnhof
4000 m zwischen dem Berliner und dem Bayrischen Bahnhof
1700 m zwischen dem Bayrischen und dem Eilenburger Bahnhof

Zunächst erfolgte vom Berliner Bahnhof aus der Anschluß an die bereits 1851 erbaute Güterverbindungsbahn zwischen dem Leipzig-Dresdner und dem Bayrischen Bahnhof, auf der seit 1859 Personenverkehr in beschränktem Umfang möglich war. In den siebziger Jahren wurde diese Bahn infolge der enormen Erweiterung der östlichen Vorstädte und der gefährlichen Kreuzungen der Straßen in Schienenhöhe aufgegeben. Dafür errichtete man 1874–1878 die zweigleisige Verbindungsbahn, die heutige S-Bahn-Strecke, die in weitem Bogen die Vororte umfährt. Seit 1891 fuhren dann nahezu alle Personenzüge im Bayrischen Bahnhof ein und aus. Der Berliner Bahnhof war nur noch Haltepunkt.

Auf den anderen Stationen sah es weitaus komplizierter aus. Obwohl unmittelbar nebeneinander liegend, ließ sich von der Magdeburger zur Dresdner Linie der Übergang geschlossener

Züge nicht ermöglichen. Lediglich einzelne Kurswagen konnten mittels der Drehscheiben am Kopf beider Bahnhöfe überführt werden.

Zwischen dem Thüringer und Eilenburger, dem Magdeburger und Bayrischen sowie dem Thüringer und Bayrischen Bahnhof mußten die Reisenden in jedem Fall umsteigen. Um die Strapazen etwas zu mildern, hatten die Staatsbahnen eine Omnibusverbindung zwischen den einzelnen Stationen eingerichtet, die sich, »abgesehen von der Nacht, nicht besonderer Beliebtheit beim reisenden Publikum« erfreute.[26]

Trotz der Schwierigkeiten wuchs die Zahl der Reisenden im Durchgangsverkehr kontinuierlich pro Jahr um etwa 19 Prozent. Stiegen 1882 104902 Personen auf den Bahnhöfen um, so waren es 1889 bereits 350272. Daß natürlich auch die Zunahme der Einwohnerzahl der Stadt Leipzig zum erhöhten Verkehrsaufkommen beitrug und somit die Unzulänglichkeit noch verschärfte, liegt auf der Hand.

Bevölkerungsentwicklung in Leipzig

1830	41000	Einwohner
1839	49000	»
1870	130000	»
1885	290000	»
1890	357000	»
1895	400000	»
1899	455000	»
1910	590000	»

Personen konnten immerhin noch laufen, Frachtgüter nicht. Geradezu trostlos scheinen die Verhältnisse auf den Leipziger Bahnhöfen gewesen zu sein, liest man den Vortrag des Regierungsbaumeisters Heinrich, gehalten auf der Versammlung der Eisenbahnkunde zu Berlin am 14. November 1905. Dort berichtete er, daß es hauptsächlich den Unzulänglichkeiten im Güterverkehr, weniger denen des Personenverkehrs zu danken sei, daß schließlich mit der Umwandlung der bestehenden Anlagen begonnen wurde.[27]

So entsprachen weder die preußischen noch die sächsischen Bahnhöfe in betriebs- sowie in verkehrstechnischer Hinsicht den Erfordernissen.

Die Menge der zwischen der sächsischen und preußischen Bahn umgeschlagenen Güter hatte sich in Leipzig von 1148728 t im Jahr 1887 auf 2426447 t im Jahr 1899 erhöht, während der Verkehr auf dem gemeinschaftlichen Übergabebahnhof, auf dem die Güter an die jeweils andere Eisenbahnverwaltung übergeben wurden, von 317026 Wagen im Jahre 1879 auf 811000 im Jahre 1899 gestiegen war.

Oft kam es vor, daß viele Güterwagen nicht ladegerecht gestellt werden konnten. Beschwerden der Betroffenen häuften sich. Im Herbst traten durch die Zunahme des Verkehrs immer Stockungen auf, die allgemein schnell wieder behoben werden konnten.

[...] *nur am Ende des Jahres 1899 versagten die preußischen Anlagen vollständig. Durch starken Frost mit Schnee hörte am Ende dieses Jahres der Verkehr auf den Wasserstraßen schnell auf, der Kohlenverkehr auf den Eisenbahnen erreichte einen ungeheuren großen Umfang, und da der Magdeburger Außenbahnhof die vom Übergabebahnhof, hauptsächlich von Riesa her, eingehenden Achsen nicht schnell genug verarbeiten konnte, so standen bald der Übergabebahnhof und die vorliegenden Stationen mit Gut für Leipzig und Übergang voll, ebenso staute sich der Verkehr in der Richtung nach Halle. Erst nach 14 Tagen konnte die Verstopfung einigermaßen gehoben werden.*

Glasers Analen

Über die ungenügenden Verkehrsverhältnisse auf den Leipziger Bahnhöfen werden immer lebhaftere Klagen laut. So heißt es in einem Bericht über die Betriebsergebnisse im Brauereigewerbe: Auch im Brauereigeschäft haben sich die Leipziger Verkehrseinrichtungen in Bezug auf die Lage der Bahnhöfe als völlig unzureichend erwiesen.

Leipziger Volkszeitung, 14. Februar 1900

Über die Unzulänglichkeiten der Leipziger Bahnhofsverhältnisse äußerte sich der neue Bericht der Leipziger Handelskammer [...]: *Alle hiesigen Bahnhöfe waren* [im Dezember 1899] *infolge des stärkeren Eingangs an Kohlen und mit Gütern derart überfüllt, daß, wie berichtet wird, von der Kgl. preußischen Staatsbahnverwaltung zuerst der Magdeburger Bahnhof und die Stationen darüber hinaus für alle aus Sachsen ankommenden und durchgehenden Sendungen gesperrt wurden. Die auf die Stationen Eutritzsch und Wahren angewiesenen industriellen Etablissements blieben daher einige Tage vollständig ohne Kohle* [...]. *Die nächste Folge der von der preußischen Bahnverwaltung verfügten Stationssperre war eine außergewöhnliche Ansammlung von Gütern auf den hiesigen sächsischen Bahnhöfen* [...]. *Infolge dieser allgemeinen Verkehrsstockung konnten die von den Werken gemeldeten Sendungen mehrfach 3–5 Tage später als unter normalen Verhältnissen entladen werden.*

Leipziger Volkszeitung, 11. Januar 1901

Auf dem Güterboden des Magdeburger Bahnhofes werden über die Arbeitsverhältnisse lebhafte Klagen geführt. Die Arbeitszeit soll von 6–12 Uhr und von 2–7 Uhr dauern, in Wirklichkeit wird aber abends bis 8, $^{1}/_{2}$9, 9 Uhr gearbeitet. Sonnabends wird es regelmäßig noch viel später; da dauert die Arbeit bis 12, 1 und 2 Uhr nachts, in der Nacht zum letzten Sonntag ging es gar bis 4 Uhr früh. Mit Unterbrechung von $3^{1}/_{2}$ Stunden Pausen wurde hintereinander $21^{1}/_{2}$ Stunden gearbeitet. Unter den Arbeitern des Güterbodens befinden sich auch alte Leute [...]. *Die Ueberstunden und die Sonntagsarbeitszeit werden wie die Tagesarbeit ohne Aufschlag bezahlt, es kommen aber auch nur volle Stunden zur Berechnung. Werden $2^{1}/_{2}$ oder $2^{3}/_{4}$ Ueberstunden gearbeitet, so dürfen nur 2 Stunden berechnet werden. Wem's nicht paßt, der kann gehen.*

Leipziger Volkszeitung, 3. April 1901

Seitdem die sächsischen Linien in den Händen des Staates waren, regte das Reichseisenbahnamt zur Verbesserung der »Personenzugverbindungen« die Schaffung eines Zentralbahnhofes an. In ihm sollten alle Linien unter Benutzung des 1874–1879 errichteten Übergabebahnhofes einmünden. Der von der sächsischen Regierung und von weitsichtigen Leipziger Bürgern, vor allem Bürgermeister Otto Koch, unterstützte Entwurf, dessen Realisierung Kosten in Höhe von 17 Millionen Mark verursacht hätte, wurde von den inzwischen nur noch vier in privaten Händen befindlichen Eisenbahngesellschaften 1878 abgelehnt. Wieder herrschte fast zehn Jahre Ruhe um das Projekt. Erst im Juli 1886, nachdem der preußische Staat Eigentümer aller Privatbahnen geworden war, legte die Eisenbahndirektion Magdeburg einen Entwurf bezüglich eines Leipziger Zentralbahnhofes vor, der allerdings nicht die Billigung der preußischen Zentralbehörde fand.

In kurzen Abständen folgten nach 1886 nun mehrere Entwürfe. So befanden sich nach der Jahrhundertwende in der Plankammer der Eisenbahndirektion in Halle preußische Entwürfe aus den Jahren 1887, 1888, 1889, 1890 und 1892, die teils Durchgangs-, teils Kopfbahnhöfe zum Ziel hatten. Ein weiteres Mal trat jedoch eine mehrjährige Pause ein. Erst 1896 kam wieder Bewegung in die Frage nach einem Hauptbahnhof für die Messestadt. Die sächsische Regierung übergab der preußischen zwei Entwürfe, wobei sich die Direktion in Halle bei ihrer Prüfung der beiden Vorlagen (ein Durchgangs- und ein Kopfbahnhofprojekt) für den Kopfbahnhof entschied. Daraufhin arbeitete sie im November 1897 einen eigenen Entwurf aus, der wiederum vom Minister für öffentliche Arbeiten, ebenso wie ein anderes Projekt aus dem Jahre 1898, abgelehnt wurde.

Am 24. November 1900 berichtet die Leipziger Volkszeitung über einen Beitrag des Tageblattes, der den der Öffentlichkeit bekannten Stand der Diskussion zum »Leipziger Centralbahnhof« dokumentiert:

Bekanntlich hat Preußen der sächsischen Staatsregierung ein Projekt eingereicht und betreibt neuerdings die Vorarbeiten wieder emsiger. Das der sächsischen Regierung unterbreitete Projekt stellte einen Gemeinschaftsbahnhof in Leipzig dar, der allerdings für Sachsen unannehmbar war, weil man dadurch im eigenen Lande benachteiligt worden wäre. Allerdings kann bei dem Bau eines Centralbahnhofes in Leipzig nur ein Gemeinschaftsbahnhof verstanden werden, wie ihn Sachsen und Bayern bereits in Hof besitzen, doch glaubt man wohlinformierten Kreisen, daß Leipzig zwei Hauptbahnhöfe, einen sächsischen und einen preußischen, erhalten wird. Die preußische Regierung beansprucht infolge ihrer vier Bahnhöfe in Leipzig (Magdeburger, Thüringer, Berliner u. Eilenburger Bahnhof) den Hauptanteil, so ähnlich wie in Görlitz, so soll nach den preußischen Projekten der preußische Güterbahnhof dort errichtet werden, wo jetzt der Thüringer Bahnhof steht, also so ziemlich im Stadtinnern, während der sächsische Güterbahnhof hinaus nach Volkmarsdorf zu lie-

gen käme. Schon hieraus geht hervor, daß das Projekt unannehmbar ist. Es dürfte demnach bei zwei Hauptbahnhöfen in Leipzig bleiben.

Die Zeitung berichtet im weiteren, daß »schon in der nächsten Landtagssession eine Vorlage bezüglich der Erbauung eines sächsischen Hauptbahnhofes« beraten würde, der »auf dem Areale des Dresdner Bahnhofes, da, wo jetzt die Werkstätten stehen, errichtet werden« solle.

Hierum ist bereits die erste Rate vom Landtage bewilligt worden. Der sächsische Güterbahnhof würde dann in der Nähe der jetzigen Aeußeren Tauchaer Straße (bei Neustadt) zu stehen kommen. Der preußische Hauptbahnhof soll auf dem Areale des Magdeburger Bahnhofs und Thüringer Bahnhofs erstehen. Die preußische Regierung hat hierzu bereits viel Land und auch eine Anzahl sehr wertvoller Häuser angeschafft. In der Mitte dieses Komplexes liegt jedoch noch das dem sächsischen Fiscus gehörige Zollgebäude. Jedenfalls gibt es noch auf beiden Teilen mancherlei Schwierigkeiten zu überwinden, bis die Leipziger Bahnhofsfrage endgültig gelöst ist. Thatsache ist jedoch auch, daß Herr Generaldirektor von Kirchbach in letzter Zeit mehrfach in Leipzig war, um in Bahnhofsfragen zu unterhandeln, woraus sich ebenfalls ergeben dürfte, daß die Frage nunmehr endgültig in Fluß kommt.

Kommentierend schließt die Leipziger Volkszeitung:

Wenn diese Darstellung in allen Teilen richtig wäre, so bewiese sie, daß die alte Eifersüchtelei zwischen der preußischen und sächsischen Bahnhofsverwaltung zum Schaden unserer Stadt bei der Centralbahnhofsfrage noch eine große Rolle spielte. Eine Ungenauigkeit aber, allerdings in einer Nebensache, fällt schon heute auf: Das Zollgebäude gehört nicht dem sächsischen Fiscus, sondern der Stadt Leipzig.

Ein Vorschlag des Lehrstuhlinhabers für mittelalterliche Baukunst an der TH Braunschweig, August Rincklake, hebt sich besonders durch seine Weitsichtigkeit aus den anderen Entwürfen hervor. Hier ist der »Centralbahnhof« als Durchgangsbahnhof mit tiefliegenden Bahnsteiggleisen und brückenartigem Empfangsgebäude einschließlich einem zentralen Vorplatz konzipiert.[28]

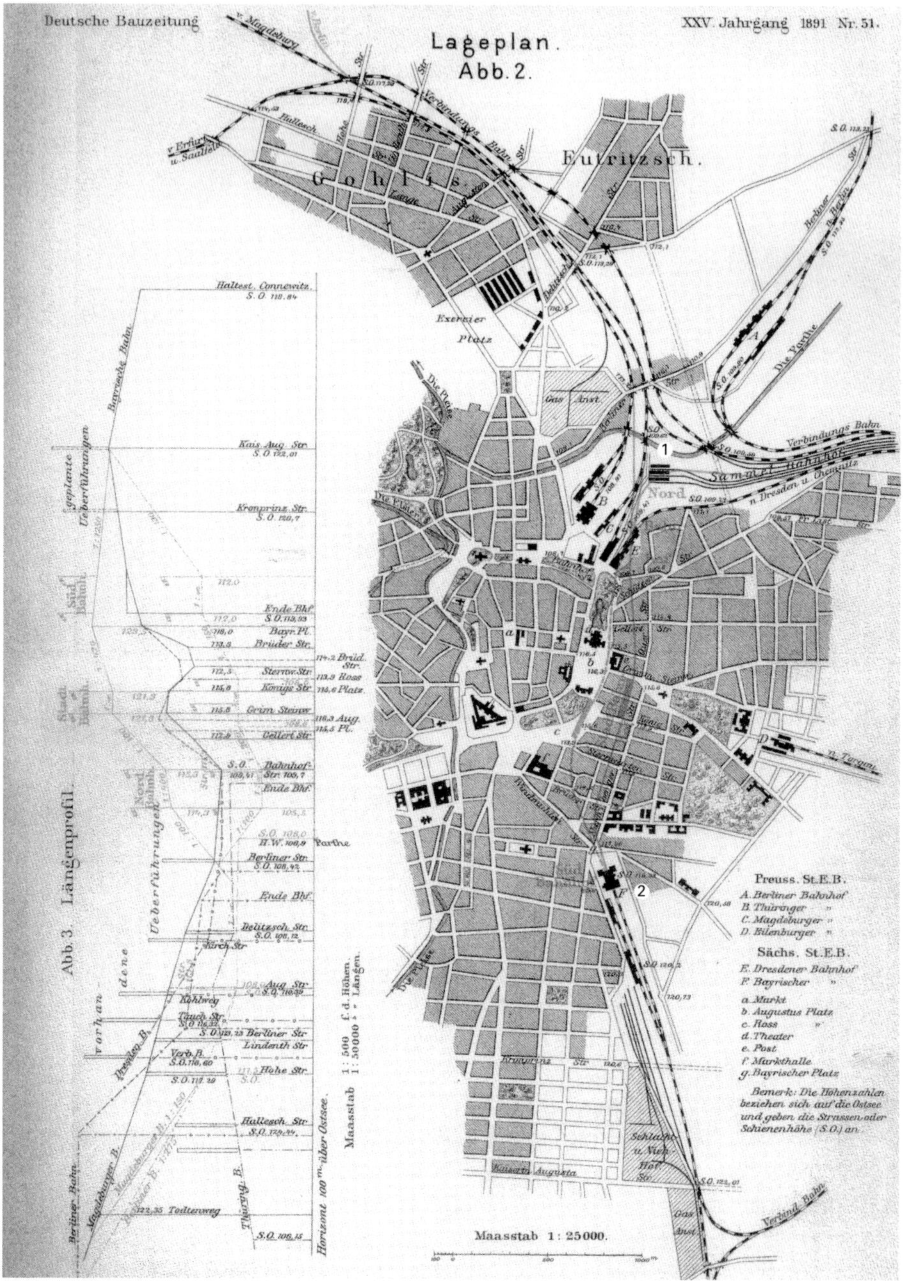

Lageplan Nordbahnhof (1) und Südbahnhof (2)

Natürlich prüfte man das Für und Wieder eines Durch- bzw. Kopfbahnhofes. Viele Gesichtspunkte, vor allem die städtebaulichen Tatsachen, spielten eine wichtige Rolle bei der Entscheidungsfindung. Es mußte untersucht werden, welche Freiflächen für die Bahnhofsanlagen, aber auch für die Streckenführung vorhanden und welche notwendig waren. Die gesamten Betriebsflächen der drei vorhandenen Kopfbahnhöfe am Ring boten genug Raum für eine neue Gemeinschaftsanlage. Schließlich wollte man nicht den Fehler wiederholen, wie er immer deutlicher in Frankfurt am Main nach Fertigstellung des neuen Bahnhofes hervortrat. In der Deutschen Bauzeitung vom 20. Juni 1891 war zu lesen:

Die Lage solcher Bahnhöfe im Stadtinnern muß besonders betont werden; denn eine Anlage zur Vermittlung des großstädtischen mit dem Eisenbahn-Verkehr, d.h. also zur Benutzung desjenigen Verkehrsmittels, auf welchem unser ganzes öffentliches und wirtschaftliches Leben, besonders aber das Leben einer Großstadt beruht, gehört nicht vor die Thore, sondern ins Innere der Großstadt und überall da, wo dies außer Acht gelassen worden ist, rächt sich dieser Fehler an allen Betheiligten. So tritt z.B., um nur einen Fall zu nennen, die Mißstimmung darüber, daß der neue, wenn auch noch so zweckmäßig und großartig angelegte Bahnhof in Frankfurt a. M. um ein beträchtliches Maß weiter ab vom Mittelpunkte der Stadt liegt, als die früheren Westbahnhöfe, immer deutlicher zutage, und die Bürgerschaft fängt an einzusehen, daß diese, von den Eisenbahn-Verwaltungen ursprünglich nicht geplante, aber von der Stadt gewünschte Hinausschiebung des Bahnhofes ein Fehler war.[29]

Ein zentrumsnaher Durchgangsbahnhof in Leipzig wäre wegen der fortgeschrittenen städtischen Bebauung nur unter größten Schwierigkeiten zu realisieren gewesen. Natürlich gab es auch Projekte, die einen Südbahnhof (am Bayrischen Bahnhof) für sächsische Linien und einen Nordbahnhof (nordöstlich der drei einzelnen zentrumsnahen Bahnhöfe) für die preußischen Bahnen und die Dresdner Linie vorschlugen. Eine Hoch- bzw. Untergrundbahn mit Haltestelle im Stadtzentrum sollte die Verbindung zwischen beiden herstellen.[30]

Alle in diesem über fast zwei Jahrzehnte währenden friedlichen »Eisenbahnkrieg« entstandenen und verworfenen Entwürfe führten dazu, daß zur Jahrhundertwende bei beiden Eisenbahnverwaltungen in den wichtigsten Punkten endlich Einigkeit herrschte.

Folgende Gesichtspunkte waren Grundlage der in den Jahren 1898–1902 vorbereiteten Verträge:

1. Der Hauptbahnhof ist als Kopfbahnhof zu errichten (Begründung: er liegt damit 1,5 km näher am Stadtzentrum als ein Durchgangsbahnhof; der Ortsverkehr beträgt 95% des Gesamtverkehrs; er kann auf dem Gelände der Dresdner, Magdeburger und Thüringer Bahnhöfe errichtet werden; beim Erwerb des Geländes für einen Durchgangsbahnhof hätte allein die preußische Verwaltung 84 Millionen Mark bezahlen müssen).
2. Der Hauptbahnhof nimmt alle bestehenden Linien und zum Teil auch den Vorortverkehr auf. Er gewährleistet einen kurzen und problemlosen Übergang zwischen den Zügen. Der Bayrische und der Eilenburger Bahnhof bleiben für den Lokal- und Vorortverkehr erhalten.
3. Die Bahnhofsanlagen sind symmetrisch zu einer Mittelachse anzulegen, wobei westlich dieser die preußischen und östlich die sächsischen Anlagen unterzubringen sind.
4. Der Hauptrangierbetrieb ist außerhalb der Stadt abzuwickeln.

Mit dem am 15. November 1899 präsentierten Entwurf des Oberbaurats Bischof von der Direktion in Halle nahmen die Überlegungen zum neuen Hauptbahnhof klarere Konturen an. Im Jahre 1900 wurde dieser Vorschlag der sächsischen Regierung übersandt und der Stadt Leipzig zur Einsichtnahme vorgelegt. Daraufhin erfolgte von sächsischer Seite durch den Finanz- und Baurat Toller die Bearbeitung eines neuen Projektes. Beide Entwürfe wurden nun gemeinsam von Vertretern der Direktion in Halle, der Generaldirektion in Dresden, der Stadt Leipzig sowie der Oberpostdirektion Leipzig beraten und in einzelnen Punkten verändert, so daß ein Gesamtentwurf entstand – der vierzehnte seit dem ersten Plan von 1878.

Schwer war es der sächsischen Staatsbahnverwaltung sicherlich gefallen, ihrem ursprünglichen Projekt eines Durchgangsbahnhofes in der Schönefelder Flur zu entsagen. Preußen lehnte derartige Vorschläge ab, weil es einen Konkurrenten für seinen wenige Jahre vorher errichteten großen Durchgangsbahnhof in Halle fürchtete. Die Stadt Leipzig, die sich aus städtebaulicher, aber vor allem ökonomischer Sicht gegen die Errichtung der Anlagen außerhalb des Stadtzentrums wandte, wurde somit zum willkommenen Verbündeten Preußens.

Den ersten Schritt auf dem Weg zur Errichtung des neuen Zentralbahnhofes stellte der Erwerb von Grund und Boden dar. Ehe die Entwürfe in den Einzelheiten vorlagen, lange vor der Konzipierung des Gesamtentwurfes, wurde mit dem Grunderwerb begonnen, auch um zu vermeiden, daß die notwendigen Flächen Gegenstand von Spekulationen werden konnten. Ende 1903 waren die meisten Grundstücke im Besitz der Eisenbahnverwaltungen.

Der Rath hat beschlossen, das Areal an der Berliner Straße, das zwischen dieser Straße und der Güterbodenstelle gelegen ist, für den Preis von 1485000 Mark an die Königl. preußische Staatseisenbahnverwaltung zu verkaufen. Es sei aus dem Beschluß nicht zu ersehen, ob es sich hier um die Anlage eines Centralbahnhofs oder nur um die Vereinigung des Berliner, Magdeburger und Thüringer Bahnhofs, also der drei großen preußischen Bahnhöfe, handelt. Uebrigens hat der Rath beschlossen, der Generaldirektion der Königl. sächsischen Staatsbahnen von dem Arealkaufe Mitteilung zu machen.

Leipziger Neueste Nachrichten, 8. Januar 1900

Zur Anlage eines Central-Güterbahnhofes erwarb der preußische Eisenbahnfiscus umfangreiches Areal in der Mockauer Flur. Wie verlautet, wurde von Herrn Rittergutsbesitzer Gontard und anderen Besitzern in Mockau Land zu einem Preise von etwa 5 Mill. M angekauft. Der Gemeinde Mockau fließt durch diesen Ankauf eine Besitzveränderungsabgabe von 40000 M zu.

Leipziger Volkszeitung, 12. April 1900

Die Grundlage für die Gesamtplanung wurde durch Verhandlungen und Verträge, die man in Jahren 1901 und 1902 abschloß, zwischen den beiden Staatseisenbahnverwaltungen Preußens und Sachsens sowie der Stadtgemeinde Leipzig und der Reichspostverwaltung geschaffen. In der Deutschen Bauzeitung war dazu zu lesen:

DEUTSCHE BAUZEITUNG

XLIII. JAHRGANG. № 39. BERLIN, DEN 15. MAI 1909.

Mitteilungen über die Bahnhofsbauten in Leipzig, im Besonderen über den sächsischen Teil dieser Bauten.

Von E. Toller, Finanz- und Baurat in Leipzig.*)

[...] *Durch die zwischen den beiden Eisenbahn-Verwaltungen vereinbarte Gesamtplanung* [...] *wurde bestimmt:*

Es ist ein gemeinschaftlicher Personen-Bahnhof als Kopfstation am Georgi-Ring auf dem Gelände des jetzigen Dresdener, Magdeburger und Thüringer Bahnhofes zu erbauen, in den alle preußischen und sächsischen Linien eingeführt werden sollen. Zu beiden Seiten des Personen-Bahnhofes sind die Güter-Bahnhöfe anzulegen, und zwar auf der Ostseite derjenige der sächsischen Verwaltung und auf der Westseite derjenige der preußischen Verwaltung. Die Baulichkeiten der genannten drei alten Bahnhöfe (Dresdener, Magdeburger und Thüringer) müssen daher vollständig beseitigt werden. Der Bayerische Bahnhof und der Eilenburger Bahnhof sind für den Vorort-Personenverkehr und den Güterverkehr beizubehalten, während der Berliner Bahnhof fernerhin lediglich nur der Güterabfertigung dienen soll.

Für den Postverkehr wird auf der Ostseite des Haupt-Bahnhofes, an der neu anzulegenden Brandenburger Straße, ein Briefpostamt erbaut, welches durch einen Tunnel mit den Post-Anlagen in der Bahnsteighalle verbunden wird. Weiter ist für den Postpaketverkehr auf der Nordostseite des Hauptbahnhofes zwischen den preußischen und den sächsischen Gleisanlagen ein besonderer Postpaket-Bahnhof mit Gleisanschluß an den Personen-Hauptbahnhof anzulegen, auf dem die Postwagen sämtlicher preußischer und sächsischer Linien abgefertigt werden sollen. Der alte Uebergabe-Bahnhof Leipzig, nördlich vom Dresdener Bahnhof gelegen, auf dem die Uebergabe der Güterwagen zwischen den beiden Eisenbahn-Verwaltungen bisher stattfand, wird ersetzt durch zwei Uebergabestellen, und zwar einmal durch den im Osten der Stadt Leipzig auszubauenden preußischen Bahnhof Schönefeld, das andere Mal durch die Bahnhof-Anlagen der beiden Verwaltungen in Plagwitz im Westen der Stadt Leipzig, die den neuen Verkehrsverhältnissen entsprechend zu erweitern sind.

Für das Rangiergeschäft werden preußischerseits der Rangierbahnhof Wahren an der Magdeburger Linie, sowie der Vorrangierbahnhof Mockau an der Berliner Linie hergestellt, sächsischerseits der Rangierbahnhof Engelsdorf an der Leipzig-Dresdener Linie erbaut und der Bahnhof Gaschwitz an der Hofer Linie als Vorrangierbahnhof ausgebaut. Der alte sächsische Werkstättenbahnhof am Dresdener Bahnhof ist durch einen neuen, im Anschluß an den Rangierbahnhof Engelsdorf zu erbauenden Werkstättenbahnhof zu ersetzen.

Zur Verbindung der verschiedenen alten Bahnlinien mit dem neuen Hauptbahnhof Leipzig einerseits und mit den Rangier- und Uebergabe-Bahnhöfen anderseits sind eine Anzahl neuer Verbindungsbahnen herzustellen, und zwar preußischerseits die Verbindungsbahnen Leutzsch–Wahren, Wahren–Mockau–Hauptbahnhof Leipzig, Wahren–Mockau–Thekla–Schönefeld und Heiterer Blick–Thekla–Mockau–Hauptbahnhof. Außerdem ist die Thüringer Linie zwischen dem Haltepunkt Gohlis-Eutritzsch und der Einmündung in den Hauptbahnhof Leipzig den neuen Verhältnissen entsprechend umzubauen.

Sächsischerseits sind die Verbindungsbahnen Engelsdorf-Schönefeld, Engelsdorf-Stötteritz und Plagwitz-Großzschocher herzustellen und die Linie Leipzig–Dresden zwischen dem Hauptbahnhof Leipzig und dem Haltepunkt Sommerfeld, die Leipzig-Hofer Verbindungsbahn zwischen

Stat. 34 + 60 L.H.V. und der Einmündung in den Bayerischen Bahnhof, sowie die Verbindungsbahn L.H.V.C. auszubauen bezw. zu verlegen und die innerhalb dieser Strecken gelegenen Verkehrsstellen als Haltepunkt Paunsdorf-Stünz an der Leipzig-Dresdener Linie und Bahnhof Stötteritz an der Leipzig-Hofer Linie umzubauen und zu erweitern.

Die in den genannten Bahnstrecken befindlichen Straßen-Ueber- und Unterführungen sind entsprechend zu erweitern und umzubauen und für geplante Straßenzüge sind neue Brücken einzubauen. Zu den durch diese Brückenbauten entstehenden Kosten haben die in Frage kommenden Gemeinden, im Besonderen die Stadt Leipzig, Beiträge zu leisten. Die Stadt Leipzig wird auch den Vorplatz vor dem neuen Empfangsgebäude allein auf eigene Kosten ausbauen.

Endlich ist sächsischerseits in dem Bogendreieck bei Connewitz der Bau eines Elektrizitätswerkes geplant, von dem aus sämtliche sächsischen Bahnhof-Anlagen in und um Leipzig mit elektrischem Strom für Beleuchtung und Kraftmaschinen aller Art zu versorgen sind.

In drei Hauptbauabschnitte gegliedert, sollte der Zentralbahnhof von 1902–1914 in folgender Reihenfolge entstehen:

a) Bauabschnitt I, 1902 bis 1907: Die Herstellung der außerhalb des Weichbildes der Stadt Leipzig gelegenen Rangier-Bahnhöfe nebst Verbindungsbahnen, des Werkstätten-Bahnhofes Engelsdorf, des Elektrizitätswerkes, sowie auf den Innenbahnhöfen diejenigen Arbeiten, die zur Freilegung des Bauplatzes für die erste Hälfte des neuen Empfangs-Gebäudes des Hauptbahnhofes Leipzig erforderlich sind.
b) Bauabschnitt II, 1908 bis 1911: Den Bau der ersten Hälfte des neuen Empfangsgebäudes des Haupt-Bahnhofes und eines Teiles der Bahnsteiganlagen nebst Zubehör, sowie die Fertigstellung der Güterbahnhöfe.
c) Bauabschnitt III, 1912 bis 1914: Den Bau der zweiten Hälfte des Empfangsgebäudes und der Bahnsteig-Anlagen und somit die Fertigstellung der Gesamtanlage des Hauptbahnhofes.«[31]

DER WETTBEWERB

Die seit 1902 in Angriff genommenen wesentlichen Arbeiten zur Umgestaltung der Bahnanlagen waren bereits im vollen Gange beziehungsweise zum Teil abgeschlossen, als im Oktober 1906 die sächsische und die preußische Eisenbahnverwaltung auf der Grundlage der in den Jahren 1901–1903 erarbeiteten grundsätzlichen Projekte (entsprechend einem »Entwurf A« bezüglich des Bahnhofsgebäudes und der Hallen) einen »Wettbewerb zur Erlangung von Entwürfen für das Empfangsgebäude des neuen Hauptbahnhofes in Leipzig« unter den deutschen Architekten ausschrieben.

Der Ausschreibungstext war sehr umfangreich und detailliert; ein Zeichen dafür, daß im Vorfeld bereits sehr viele Fachleute an dem Konzept gearbeitet und bis in jede Kleinigkeit hinein Grundriß und Betrieb des Bahnhofes geplant hatten. Ausgehend von der Größe der zu bebauenden Fläche, war die verwaltungstechnische Zweiteilung in eine sächsische und eine preußische Seite durch zwei Eingangshallen zum Ausdruck zu bringen. Für beide Seiten wurde vom Kellergeschoß bis zum zweiten Obergeschoß über Bahnsteighöhe folgendes festgelegt: die Haupt- und Nebeneingänge, die Treppen, Gepäckannahme, Gastwirtschaft, Polizei- und Posträume, Toiletten, Stände und Läden zum Verkauf diverser Artikel, Ausmaß und Anzahl der unterzubringenden Wohnungen, ja selbst die Menge der Betten für die Schaffner und somit die Größe der zur Übernachtung dienenden Unterkünfte. Ein komplettes Programm mit funktioneller Anordnung der wichtigsten Räumlichkeiten, das konstruktive System der Bahnsteighallen mit Angabe der Bahnsteige, die Tunnel und vieles mehr waren vorgegeben und durften nicht verändert werden. In Punkt 10 der allgemeinen Bestimmungen für das Empfangsgebäude hieß es sogar:

Die in den Anlagen angedeutete Grundrissanordnung darf in bezug auf die Lage der Eingangs- und Ausgangshallen, der

Gepäckräume, Wartesäle, Fürstenzimmer und der Auswanderer-Registratur nicht abgeändert werden. [Lediglich in ...] *bezug auf die Architektur des Gebäudes und der Bahnsteighallen wird dem Architekten volle Freiheit gelassen* [...].[32]

Diese wurde allerdings durch die vorgegebene Bausumme von 5,8 Millionen Mark, dem »lächerlichen« 24. Teil der Gesamtkosten, wieder eingeschränkt.

Professor Albert Hofmann aus Darmstadt, selbst Preisrichter in der Jury, stellte diesbezüglich die Frage:

Sollte nicht gerade hier, im Herzen Deutschlands der freie und sieghafte künstlerische Geist über den realistischen Rechenstift mit seinem materiellen, nüchternen Zwang triumphieren dürfen?[33]

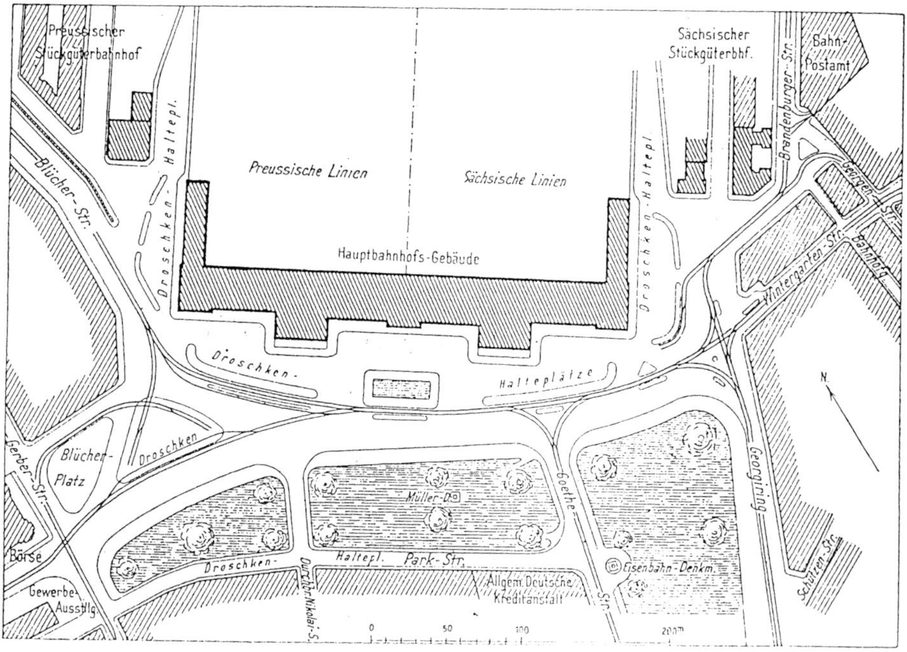

Grundriß mit Vorgaben für die Wettbewerbsteilnehmer

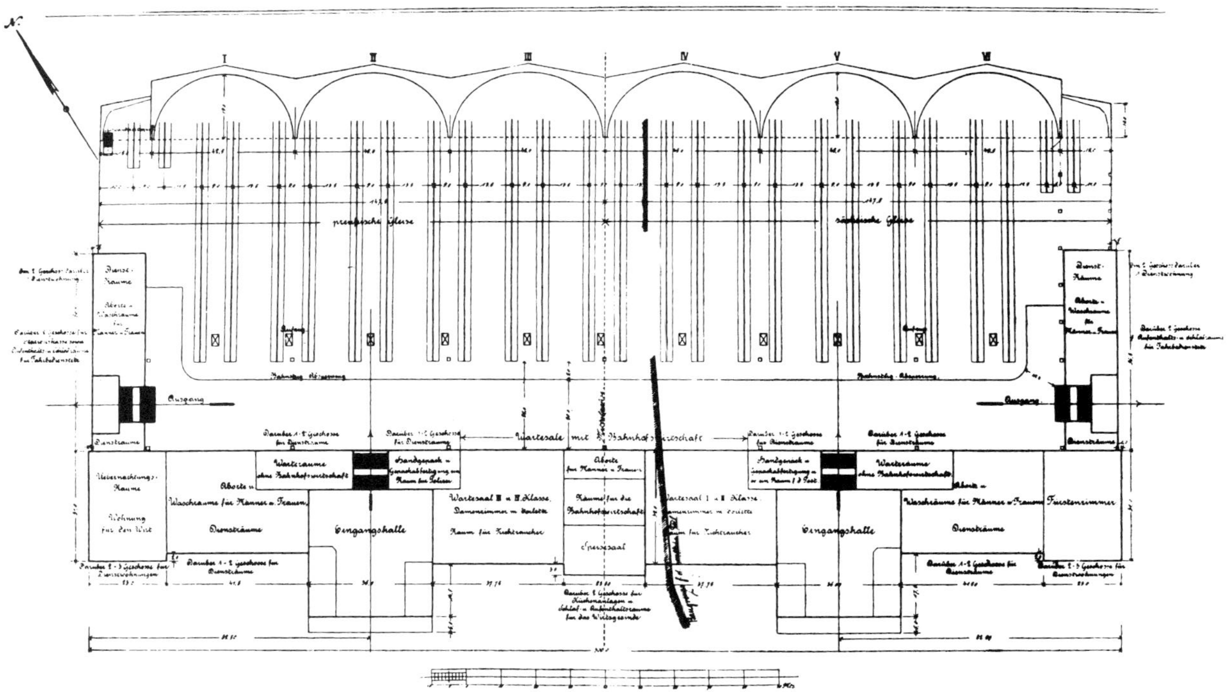

Entwurfskizze für das Empfangsgebäude auf dem Hauptbahnhof Leipzig. Geschoß in Bahnsteighöhe

Es ist erstaunlich, daß trotz der engen Wettbewerbsbedingungen immerhin 76 Entwürfe bei der Königlichen Generaldirektion der Sächsischen Staatseisenbahn zu Dresden eingingen. Vermutlich boten allein schon die ausgesetzten Preise genügend Anreiz zur Teilnahme. Wenn auch der eine oder andere Vorschlag nicht alle Bedingungen erfüllte, so überrascht noch heute die Vielfalt der architektonischen Lösungen, aber auch das nicht in allen Fällen zufriedenstellende Urteil der Jury.

Mit dem vorwiegend künstlerischen Wettbewerb sollte ein Bauwerk entstehen, welches eine für die Messestadt repräsentative Architektur darzustellen und den wirtschaftlichen Aufschwung Deutschlands zu dokumentieren hatte.

Alle Entwurfspläne mußten im Maßstab 1:200 oder 1:100 gehalten und mit einem Kennwort bzw. einem Kennzeichen versehen werden:

Eingangs Nr.	Kennwort	Verfasser
2	Wahrheit, Klarheit, Licht und Luft	Architekt Jürgen Kröger, Berlin (1. Preis)
6	Drei Quadrate	
10	D.A.M.M.	Architekt Anton Meckel, Freiburg i. B. (Ankauf)
12	Patriae ornamento	
13	Stephenson	
14	Kreuz im Kreis	
20	St Georg	Architekten Ernst Reutsch, Berlin, und Otto Herold, Düsseldorf (Ankauf)
21	Licht und Luft	Architekten Lossow & Kühne, Dresden-A. (1. Preis)
22	Zwei Kreise	Architekt Beyrich, Dresden
25	Schwarz weiß, grün weiß	
26	Borussia-Saxonia	
27	Einheit	Architekt Alfred Müller, Leipzig
29	Luft und Licht I	E. Schwarz, Regierungs- und Baurat in der Kgl. Eisenbahndirektion Berlin (Ankauf)

Eingangs Nr.	Kennwort	Verfasser
32	Luft und Licht	Architekten Friedrich W. Werz u. Paul Huber, Wiesbaden (Ankauf)
34	Halt	Architekten Rehberg & Lipp, Charlottenburg
37	Adhoc	Architekt Lorenz, Hannover (Ankauf)
38	Mit Volldampf	
39	Sidi Akbar	
40	Lokomotive	
41	Bahnsteighalle	Prof. Hermann Billing und Architekt Wilhelm Vitalli, Karlsruhe (2. Preis)
42	Nufa	F. Kleinigholz, Prof. an der Kgl. TH Aachen (2. Preis)
44	Maske	
48	Glückliche Reise	Architekten Reichel & Kühn, Leipzig
52	Alfred Sasse Hannover	
54	Betriebsfähig	
56	(Jetzta a Maß) Dampf	
63	Ohne Verspätung	
66	Vignette	Architekt Wilhelm Brurein, Berlin
63	Zwei Signalwächter	Architekten Jürgensen & Bachmann, Berlin
69	Heinrich	
71	Deutschland	Heidenreich & Michel u. R. Jakobs, Architekten aus Charlottenburg (Ankauf)
72	»Leipzig … an«	
74	Reiter und Hund	Peter Birkenholz, München (ehrende Erwähnung)
75	Tandem	

Die Liste ist nicht vollständig, da nicht alle eingereichten Entwürfe, weil nicht veröffentlicht, ermittelt werden konnten.

Die bis zum 15. April 1907 eingegangenen Vorschläge wurden von einer aus 25 Mitgliedern bestehenden Jury in nicht weniger als drei Tagen geprüft. Um der Öffentlichkeit die Pläne, Zeichnungen und Erläuterungsberichte bekannt zu machen und um der Jury die Wertung zu erleichtern, wurden dieselben im Festsaal und in den beiden Wandelhallen des neuen Rathauses ausgelegt. Dazu hatte das extra für die gesamte Umgestaltung der Bahnanlagen und auch für die örtliche Bauleitung von der sächsischen Eisenbahnverwaltung ins Leben gerufene »Neubauamt«, das unter der Leitung des Oberbaurats Toller und des Baurats Mirus stand, nach entsprechender Vorprüfung, vor allem in Hinblick auf die vorgegebenen Wettbewerbsbedingungen, ihr Ergebnis übersichtlich in einer Broschüre zusammengestellt und den Preisrichtern übergeben.

Am 8. Juni 1907 erfolgte die Bekanntgabe und Prämierung der von der Jury festgesetzten Preisträger; es war eine sicherlich schwierige Aufgabe, unter den doch zahlreichen künstlerisch guten Entwürfen die wertvollsten herauszufinden. Als problematisch erwies sich zudem die Größe der Jury. Unter deren Mitgliedern entstand ein zum Teil reger Meinungsaustausch. Mitunter traten diametral entgegengesetzte Standpunkte bei der Bewertung auf.

Neben dem Oberbürgermeister der Stadt Leipzig, Dr. Tröndlin, und dem Bürgermeister Dr. Dittrich gehörten hervorragende Architekten, Bauingenieure und Eisenbahnfachleute der Jury an.

Preisgericht

1. *Ober- und Geheimer Baurat* Bischof *in der Königl. Preuss. Eisenbahndirektion Halle,*
2. *Bürgermeister Dr.* Dittrich *in Leipzig,*
3. *Geheimrat Prof. Dr.* Durm *in Karlsruhe,*
4. *Stadtverordneten-Vizevorsteher Baurat* Enke *in Leipzig,*
5. *Professor an der Techn. Hochschule* Theodor Fischer *in Stuttgart,*
6. *Stadtbaurat* Franze *in Leipzig,*
7. *Ministerialdirektor im Königl. Preuss. Ministerium der öffentlichen Arbeiten, Oberbaudirektor* Hinckeldeyn, *Exzellenz, in Berlin,*

8. *Geheimer Oberbaurat Professor* Hofmann *in Darmstadt,*
9. *Vortragender Rat im Königl. Preuss. Ministerium der öffentlichen Arbeiten, Geh. Baurat* Holverscheit *in Berlin,*
10. *Abteilungsvorstand in der Königl. Generaldirektion der Sächs. Staatseisenbahnen, Geheimer Baurat* Homilius *in Dresden,*
11. *Generaldirektor der Königl. Sächs. Staatseisenbahnen* von Kirchbach *in Dresden,*
12. *Vortragender Rat im Königl. Sächs. Finanzministerium, Geheimer Baurat* Krüger *in Dresden,*
13. *Geheimer Baurat Professor Dr.-Ing.* Licht *in Leipzig,*
14. *Vortragender Rat im Königl. Preuss. Ministerium der öffentlichen Arbeiten, Geh. Oberbaurat* Richard *in Berlin,*
15. *Vortragender Rat im Königl. Preuss. Ministerium der öffentlichen Arbeiten, Geh. Oberbaurat* Rüdell *in Berlin,*
16. *Regierungsrat Dr.* Scheringer *in der Königl. Preuss. Eisenbahndirektion Halle,*
17. *Vortragender Rat im Königl. Sächs. Finanzministerium, Geheimer Baurat* Schönleber *in Dresden,*
18. *Geheimer Baurat* Franz Schwechten *in Charlottenburg-Berlin,*
19. *Ministerialdirektor im Köngl. Sächs. Finanzministerium, Geheimer Rat* von Seydewitz *in Dresden,*
20. *Professor Dr.* Friedrich von Thiersch *in München,*
21. *Finanz- und Baurat* Toller, *Vorstand des Königl. Sächs. Eisenbahnbaubureaus für die Bahnhofsbauten in Leipzig,*
22. *Oberbürgermeister Justizrat Dr.* Tröndlin *in Leipzig,*
23. *Vortragender Rat im Königl. Sächs. Finanzministerium, Geheimer Baurat* Waldow *in Dresden,*
24. *Königl. Sächs. Geheimer Hofrat, Kaiserl. Geheimer Baurat Professor Dr.* Wallot *in Dresden,*
25. *Ministerialdirektor im Königl. Preuss. Ministerium der öffentlichen Arbeiten, Oberbaurat* Wiesner.[34]

Die der Jury zur Verfügung gestellte Broschüre half, deren Aufgabe zu erleichtern. Zunächst wurden alle diejenigen Entwürfe ausgeschieden (15), »die bei bedeutenden Abweichungen vom Programm weder einen besonderen Wert in der Durchbildung des Grundrisses noch in der künstlerischen Gestaltung des Äußeren zeigten«, wie das Zentralblatt der

Bauverwaltung am 15. Juni 1907 vermerkte.[35] Bei einer zweiten (19 Entwürfe) und einer dritten (17) Durchsicht wurden weitere Planungen zurückgestellt, so daß schließlich 25 Arbeiten in der engeren Wahl verblieben, die durch die Jury einer eingehenden Begutachtung unterzogen wurden und eine schriftliche Beurteilung erfuhren. Von diesen 25 Entwürfen kamen schließlich zehn in die engere Wahl. Das Ergebnis der Schlußberatung war folgendes:

Das Preisgericht beschloss in der Erwägung, dass keiner der in Betracht kommenden Entwürfe so vor den übrigen hervorragend sei, dass ihm ausschliesslich ein erster Preis zu erteilen sei, einstimmig zwei gleichwertige erste Preise – unter Zusammenlegung der im Programm für den 1. und 2. Preis vorgesehenen Beträge von 15 000 und 10 000 M. demnach – in Höhe von je 12 500 M. und ferner zwei ebenfalls gleichwertige zweite Preise je mit der Hälfte der hiernach von dem im Programm für die Preise vorgesehenen Beträge verbleibenden Summe, demnach in Höhe von je 7 500 M. zu erteilen.

Durch einstimmigen Beschluss wurden die beiden ersten Preise den Entwürfen No. 2. »Wahrheit, Klarheit, Licht und Luft« *und No. 21.* »Licht und Luft«, *die beiden zweiten Preise dagegen den Entwürfen No. 41.* »Bahnsteighalle« *und No. 42.* »Nufa« *zuerkannt.*

Hierbei wird bemerkt, dass sowohl in Vorstehendem wie auch weiterhin die Reihenfolge der aufgeführten Entwürfe sich nicht nach ihrer Wertbemessung, sondern lediglich nach dem Zeitpunkte ihres Einganges bei der Kgl. Generaldirektion in Dresden richtet.

Weiter beschloss das Preisgericht, obwohl im Programm nur der Ankauf von 3 Entwürfen vorgesehen ist, mit Rücksicht darauf, dass eine besonders grosse Anzahl von Entwürfen eingegangen ist und im Hinblick auf die Summe der in diesen Entwürfen niedergelegten Arbeit, über das im Programm gegebene Maß hinauszugehen und die nachgenannten sechs Entwürfe zum Ankauf für den Preis von je 3 000 M. zu empfehlen: No. 10. »D.A.M.M.«, *No. 20.* »St. Georg«, *No. 29.* »Licht und Luft I.«, *No. 32.* »Luft und Licht«, *No. 37.* »Ad hoc«, *No. 71.* »Deutschland«.

Für die Auswahl dieser sechs Entwürfe war massgebend, dass sie als in der Hauptsache gleichwertige anzusehen sind und in verschiedenen Beziehungen neue Gedanken und Anregungen enthalten, welche von den beteiligten Eisenbahnverwaltungen in der einen oder anderen Weise nutzbar gemacht werden können.

[...] *Dem Entwurfe No. 74, Kennzeichen* »Reiter und Hund«, *wurde eine ehrende Erwähnung zuerkannt.*[36]

Über die architektonische Gestaltung der eingereichten Entwürfe schreibt der profunde Kenner der Leipziger Bahnanlagen, Manfred Berger:

[Die Entwürfe] *ließen alle mehr oder weniger konservativen Zeitgeist erkennen. Ansätze zur Moderne bestanden, wenn überhaupt, nur ganz zögernd bei Details und im konstruktiven Bereich, z. B. in der Anwendung des aufkommenden Stahlbetons, gesamtkonzeptionell aber teilweise auch in prämoderner, großartiger Monumentalgestaltung. Häufiger wurden eklektizistische, antikisierende, teilweise modernem Verkehrsbetrieb antagonistische Entwürfe eingereicht, waren doch entsprechende Tendenzen der Bahnhofsarchitektur mit ihrem Dualismus Stadtseite: Bahnseite, traditionelles Empfangsgebäude: moderne Hallenkonstruktion noch bis in diese Zeit die Norm.*[37]

Eine Beschreibung der wichtigsten Entwürfe erfolgt analog dem Protokoll der Jury und einiger einschlägiger Fachzeitschriften. Die bereits erwähnte vom Neubauamt für die Jury zusammengestellte Broschüre konnte nicht aufgefunden werden. Eine Beschränkung auf die Wiedergabe wichtiger Informationen zu einigen wenigen herausragenden Entwürfen gebietet allein schon der hier zur Verfügung stehende Raum.

Die beteiligten Architekten hatten sich bezüglich der Grundrißdurchbildung mehr oder weniger genau an das Bauprogramm und die in den Wettbewerbsbedingungen veröffentlichten Entwurfsskizzen gehalten. Trotzdem ergaben sich bei einer verhältnismäßig großen Zahl von Vorschlägen erhebliche Überschreitungen des in seinen Grenzen genau definierten Bauplatzes. Die größten Abweichungen von den Bedingungen des Wettbewerbes dürfte die im Gutachten als »Idealentwurf« bezeichnete Arbeit von Peter Birkenholz mit dem Kennzeichen »Reiter mit Hund« aufgewiesen haben, die aber baukünstlerisch bemerkenswert und demnach wertvoll war. Birkenholz hatte die Baugrenze in der Vorder- und Seitenfront bis zu 6,5 m überschritten und den ausdrücklich freizuhaltenden Vorplatz vor dem Gebäude in Form eines »römischen Forums« als Säulenhalle gestaltet, welche nur den bahnbezogenen, aber nicht den hier vorbeifließenden städtischen Durchgangsverkehr berücksichtigte.

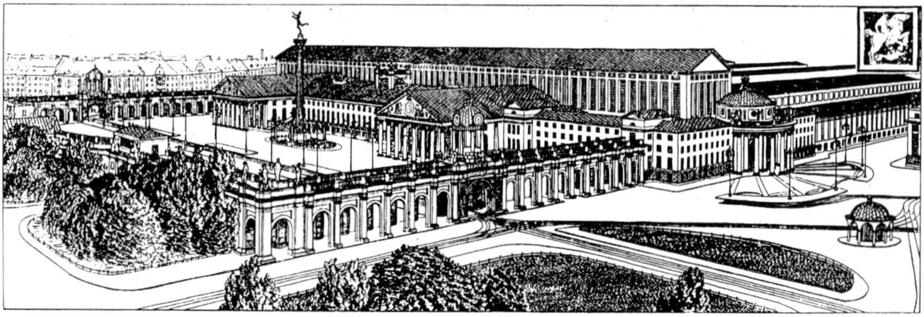

Wettbewerbsbeitrag »Reiter mit Hund«

Aber auch skurril anmutende Vorschläge gehörten zu den abgegebenen. Der Entwurf mit dem Kennwort »Kosmos«, im Gesamteindruck etwas unharmonisch und zerfallend, zeigte eine Architektur, die sich an den süddeutschen Barock hielt und an Versailles erinnerte, vor allem in den gewaltig und prächtig kirchenartig ausgebildeten Eingangshallen. Die Arbeit mit dem Titel »Eroika«, die ebenfalls stark zerklüftete Baumassen, jedoch eine zum Teil ansprechende Grundrißlösung aufwies, erinnerte weniger an einen Bahnhof, sondern eher an deutsche Schloßbauten im prächtigsten Barock.

Bemerkenswert ist, welche Stellung der vorgegebene Dualismus bei den abgegebenen Entwürfen einnahm. Nach den Vorgaben sollte die eine Hälfte des Bahnhofes der preußischen Verwaltung, die andere der sächsischen zugeteilt werden. Damit verfügten beide annähernd über die gleiche Anzahl und Größe an Räumen. Dies kam bei den meisten Teilnehmern in der äußeren Anordnung der Baumassen, z. B. bei den großen Eingangshallen, zum Ausdruck. Genannt seien die schweren, gedrungenen Turmbauten (Kennwort »Frühling«), zwei gräzisierende Rundbauten (»Hellas«), zwei stark hervortretende Seitenhallen mit bescheidenem Mittelbau (»Lokomotive«) sowie ein halbkreisförmiger Abschluß der beiden Eingangshallen zum Vorplatz hin (»exzentrische Kreise«). Neben der Hervorhebung der beiden Eingangshallen sollte der Dualismus durch seitlich angeordnete Turmbauten verstärkt werden (»Deutschland«). Einen ähnlichen, aber die Verfasser selbst nicht befriedigenden Vorschlag hatten Lossow & Kühne zusätzlich eingereicht. Daß der Gedanke des Dualismus bei einer Fassadenlänge von fast 300 m trotzdem zu einer harmonischen Lösung führen kann, zeigten die Entwürfe von Billing & Vittali (»Bahnsteighalle«), Lossow & Kühne (»Licht und Luft« – ohne Turmaufbauten) und von Rentsch & Herold (»St. Georg«).

Durch die Anlage eines mittleren Hauptturmes, zu dessen Gunsten die beiden Eingangshallen etwas zurücktraten, gaben verschiedene Entwürfe (»Nufa«; »Schwarz-weiß, grün-weiß«; »Borussia-Saxonia«; »Carpe diem« u. a.) dem Ganzen eine gewisse äußerliche Einheit.

Einige Teilnehmer schenkten den Bahnsteighallen viel Aufmerksamkeit, obwohl durch die Rahmenbedingungen keine großen Gestaltungsmöglichkeiten gegeben waren. Recht eigenwillige Konstruktionen wurden vorgeschlagen, die zum Teil enorme Raum- und Baukörperdimensionen ergeben hätten. Man betonte sogar hier noch den Dualismus der beiden Verwaltungen.

Ebensolche unterschiedlichen Vorschläge gab es für den Anschluß der Längsbahnsteighallen an die Rückfront des Empfangsgebäudes. Varianten, die Bahnsteighallen durchgehend zu gestalten, wurden dem häufiger vorgeschlagenen gesonderten Baukörper vorgezogen und somit durch Höhe und Ausführung auch architektonisch als Hauptverkehrszone gestaltet.

Auch bezüglich des Materials boten die Wettbewerbsteilnehmer verschiedene Möglichkeiten an. Beispielgebend für die Bevorzugung des relativ neuen Baustoffes Stahlbeton war die Aussage des Verfassers des Entwurfs »Betriebsfähig«, der angesichts der Gestaltung des Frankfurter Bahnhofes bezweifelte, »daß der Eindruck der dortigen Hallen ein befriedigender ist. Das sichtbare Eisenwerk mit den stets verrußten Dach-Oberlichtern erweckt den Eindruck mehr einer großen Fabrikhalle, wie einer dem modernen Verkehr dienenden Bahnhofshalle.«[38] Folglich schlug er Stahlbeton und bei architektonischen Details eine Muschelkalkverkleidung vor.

Lossow & Kühne bevorzugten ebenfalls Stahlbeton, da es als Bindeglied zwischen dem Naturstein des Empfangsgebäu-

Wettbewerbsvorschläge für die Längsbahnsteighallen (nächste Seite)

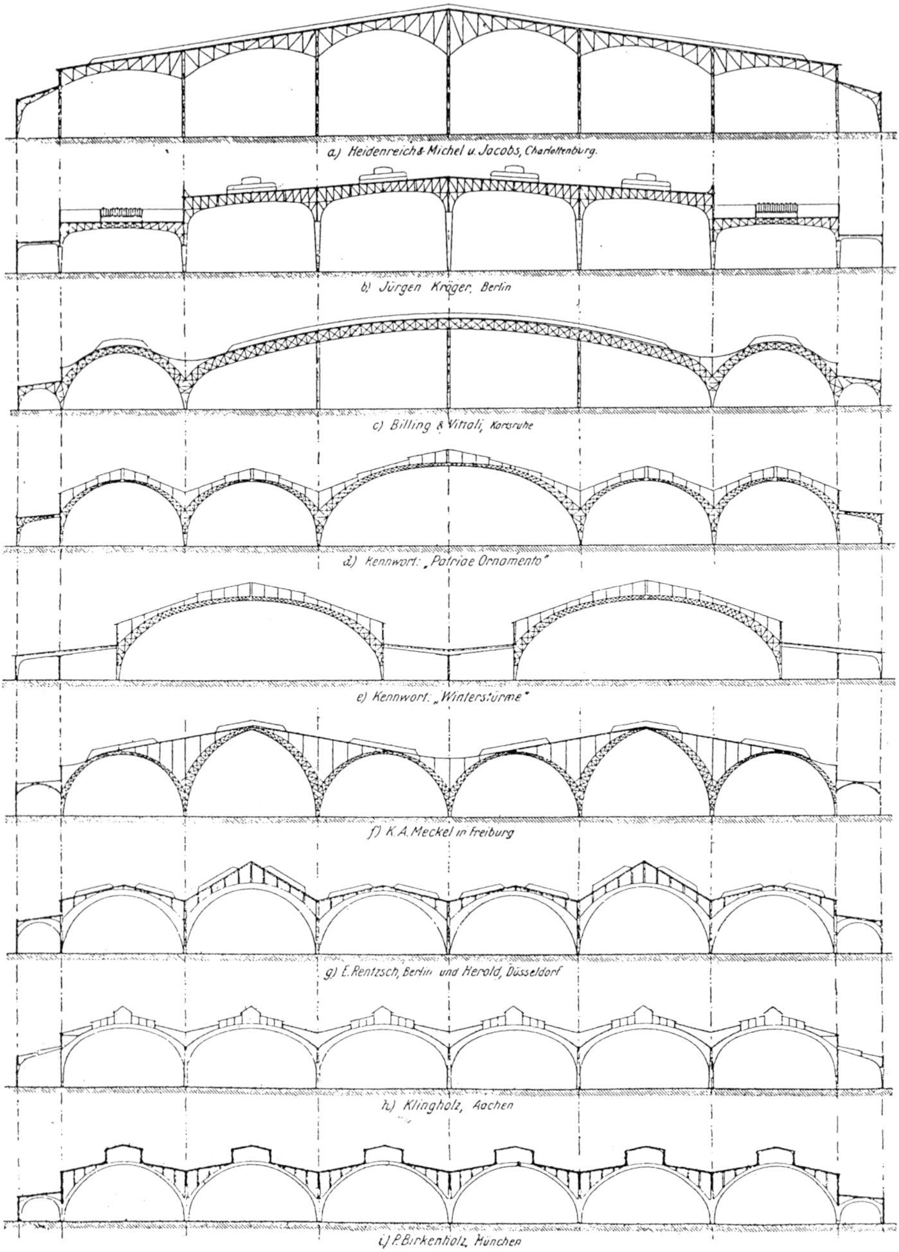
a) Heidenreich & Michel u. Jacobs, Charlottenburg.
b) Jürgen Kröger, Berlin
c) Billing & Vittali, Karlsruhe
d) Kennwort: „Patriae Ornamento"
e) Kennwort: „Winterstürme"
f) K. A. Meckel in Freiburg
g) E. Rentzsch, Berlin und Herold, Düsseldorf
h) Klingholz, Aachen
i) P. Birkenholz, München

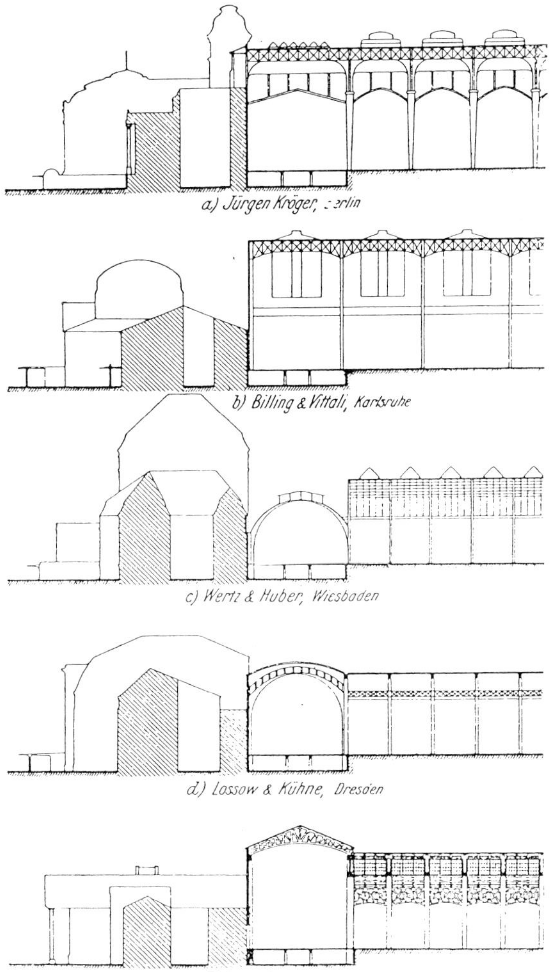

Wettbewerbsvorschläge für die Querbahnsteighallen

des und der Stahlkonstruktion der Bahnsteighallen gute Wirkung versprach. Um dem monumentalen Eindruck des Querbahnsteiges zusätzlich ein starkes Gepräge zu geben, hoben Rehberg & Lipp (»Halt«) das breite Mittelteil heraus und treppten die Halle nach beiden Enden ab.

Sicherlich verdienten zumindest die angekauften Entwürfe näher vorgestellt zu werden, aber lassen wir die folgenden Abbildungen für sich sprechen. Verschiedene, vor allem aber die preisgekrönten Entwürfe spiegeln sich im realisierten Raumprogramm und in der Ausführung des Baukörpers wider.

Wettbewerbsbeitrag »Wahrheit, Klarheit, Licht und Luft« (1. Preis)

Wettbewerbsbeitrag »Licht und Luft« (1. Preis)

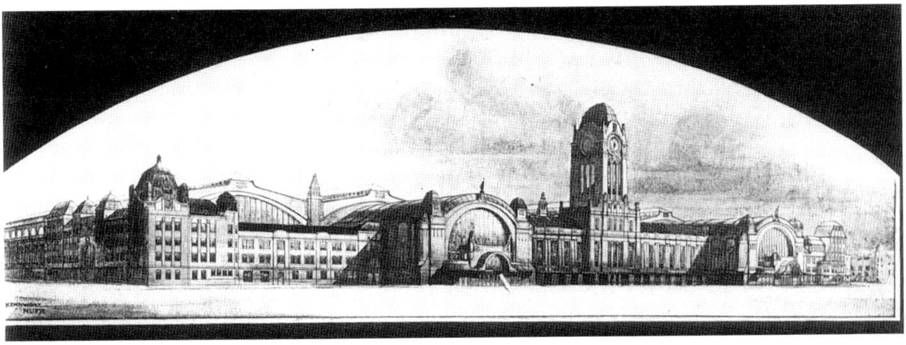

Wettbewerbsbeitrag »Nufa«

Wettbewerbsbeitrag »Adhoc«

Wettbewerbsbeitrag »D.A.M.M.«

Die Veranstalter des großen Wettbewerbes konnten mit dem Ergebnis zufrieden sein. Die Entwürfe boten hervorragende Grundlagen für die Gestaltung des grandiosen Bauwerkes. Professor Hofmann charakterisierte 1907 in der Deutschen Bauzeitung den geplanten Hauptbahnhof als »ein Werk [...] im Mittelpunkt Deutschlands [...], an welchem man einst die deutsche Kultur des 20. Jahrhunderts messen wird, [...] als [...] ein Kultur-Denkmal größter und erhabenster Art, wie es in Deutschland sobald nicht mehr wiederkehren dürfte [...]«.[39]

Entsprechend den Wettbewerbsbedingungen wurden den Dresdner Architekten Lossow & Kühne die »architektonische Durchbildung aller Schauseiten und die innere Ausgestaltung aller dem öffentlichen Verkehr dienenden Räume, Säle und Hallen (einschließlich Querbahnsteighalle), sowie der Empfangs- und Aufenthaltsräume für Staatsoberhäupter von den beiden Staatsregierungen übertragen.«[40]

Zunächst erfolgte eine Überarbeitung der Wettbewerbsentwürfe, später zog man die Architekten auch zur Mitarbeit an den endgültigen Grundrissen sowie zur architektonischen Begutachtung der Stahlkonstruktionen der Längshallen heran. Im wesentlichen wurden die Vorlagen zwar beibehalten, erfuhren jedoch dort eingreifende Überarbeitungen, wo man den praktischen Bedürfnissen und Sonderwünschen gerecht werden mußte:

Teilweise zum Vorteile der Anlage; so wurden die Lichthöfe und Lichtschächte vergrößert, wodurch dem Innern noch mehr Licht zugeführt wurde. Bei allem konnte die kollosale Querbahnsteighalle noch um 6 m, im ganzen auf 32 m verbreitert werden. Aber die aus unangebrachten Ersparnisrücksichten vorgenommenen Änderungen, die Verringerung der Gebäudehöhe und der Verzicht auf die Ausbildung der Eckbauten, haben die monumentale Würde des Gebäudes beeinträchtigt.[41]

Auch im Bauablauf wurden die Architekten bei allen den Bau betreffenden wichtigen Fragen konsultiert. Ob bei der endgültigen Ausführung des gesamten Hauptbahnhofgebäudes die von den Eisenbahnverwaltungen angekauften Entwürfe in Details mit verarbeitet wurden, kann hier nicht mit

Bestimmtheit beantwortet werden. Sicherlich waren die Architekten, aber auch die Eisenbahnverwaltungen bei der endgültigen Festlegung der Gestaltung von anderen Entwürfen inspiriert.

Die Bearbeitung der Bau- und Konstruktionszeichnungen, das Entwerfen aller betriebstechnischen Anlagen, die Kostenberechnung, die Beauftragung, Abnahme und Abrechnung aller Arbeiten sowie die Bauüberwachung oblag dem Neubauamt unter Leitung der Sächsischen Eisenbahnverwaltung. Rothe schätzte in dem ausführlichen Abschlußbericht über die Errichtung der gesamten Anlage »diese Art der Arbeitsteilung bei dem umfangreichen Bau« als durchaus günstig und als »allenthalben gut bewährt« ein.[42]

GESTALTUNG DES HAUPTBAHNHOFES

Der schon erwähnte Dualismus in der Grundrißanordnung zeigt sich auch heute noch in der architektonischen Gestaltung des Empfangsgebäudes. Weit und beherrschend treten aus der 298 m langen Bauflucht die beiden Eingangshallen heraus. Rechts und links schließen sich jeweils gleichartig ausgebildete Eckbauten sowie je 90 m lange Seitenflügel an. Sie waren von den Architekten jeweils etwas höher geplant worden, »aber der Stand der beidseitigen Staatsfinanzen ließ auch hier die Bäume nicht in den Himmel wachsen«.[43]

Der von beiden Eisenbahnverwaltungen genutzte Mittelbau liegt zwischen den Eingangshallen. Hinter diesem Gebäude ist der 24 m breite und 267 m lange Querbahnsteig gelagert, in den 26 Bahnsteige einmünden. So könnte man bei einer überbauten Fläche – Gebäude, Querbahnsteig und Hallen – von 82000 m^2 bequem zweimal den Leipziger Augustusplatz darin unterbringen. Der umbaute Raum beträgt 1560000 m^3.

Der Dualismus sollte sich nicht nur im Gebäude widerspiegeln. Bereits auf einer »Versammlung für Eisenbahnkunde« 1909 in Berlin hatte der Regierungs-Baumeister Heinrich festgestellt:

Die Herstellung des Bahnhofes in 2 getrennten Teilen ermöglicht es, daß Schwierigkeiten [...] nicht auftreten werden. Preußen hat seinen Teil für sich und Sachsen ebenfalls, auf jedem Teile wird ein Stationsvorsteher erster Klasse tätig sein. Nur für allgemeine Zwecke werden gemeinsame Beamte vorhanden sein, Portiers usw. Für die Repräsentation wird ein oberster Stationsbeamter angestellt werden, den sich Sachsen nicht hat nehmen lassen; der hat aber in Betriebssachen nicht hineinzureden; in dem Punkt sind beide Verwaltungen selbständig.[44]

Die obersten Vorsteher sollen sich mündlichen Überlieferungen zufolge täglich um 9 Uhr vormittags an der unsichtbaren

preußisch-sächsischen Grenzlinie in Höhe der Bahnsteige 13 und 14 in der Querhalle zu einem bilateralen Treffen zusammengefunden haben. Korrekt zugeknöpft machten beide ihren »Guten Morgen Bückling«, verglichen die Uhrzeit miteinander, wünschten einen gedeihlichen und reibungslosen Dienstverlauf und schritten daraufhin in ihre jeweilige Dienststube zurück. Waren Probleme zu lösen, dann kamen die Vorsteher auf neutralem Boden in der Bahnhofsgaststätte zusammen und tauschten sich aus. Und dies immerhin bis zum Jahr 1934.
Selbst die Gepäckträger durften ankommende Reisende nur in dem Bereich ihrer Eisenbahnverwaltung empfangen. Ihnen war allerdings erlaubt, Gepäck abfahrender Kunden auch über die sächsisch-preußische Grenze hinaus zu befördern.

Empfangsgebäude

Vom Bahnhofsvorplatz gelangt man ebenerdig über Windfangbereiche in die beiden gleich großen und auch in der inneren Gestaltung sich vollkommen deckenden *Eingangshallen,* deren westliche (linke) – entsprechend den Gleisanlagen in den Längshallen – der preußischen und deren östliche (rechte) der sächsischen Eisenbahnverwaltung diente.

Angeblich zwecks Verkürzung der weiten Wege und somit zur Erleichterung für die Reisenden wurden Fahrkartenverkauf und Gepäckabfertigung schon von Anfang an gesondert sowohl auf der preußischen als auch auf der sächsischen Seite vorgenommen. Betrat man also die weiträumigen Eingangshallen, so bemerkte man sofort rechts und links an den Längswänden die sechzehn gleichmäßig verteilten, aber nach Wagenklassen getrennten, aus Kiefernholz gezimmerten Fahrkartenschalter. Besonders erwähnenswert fand Rothe, daß auf preußischer Seite die Fahrkartenschalter mit Walzendruckern System »Regina« bei einer Ausgabeleistung »für geübte Leute« von 250 und auf sächsischer Seite vier Schalter mit Maschinen der Bauart »Elektra« mit einer Leistung von 150 bis 200 Fahrkarten pro Stunde ausgestattet waren.[45]

Zu beiden Seiten der Windfänge lagen Räume, die dem Kassenvorsteher zur Verfügung standen, mit den Fahrkartenschaltern Verbindung hatten und je eine Wendeltreppe, die zum Dachraum der Hallen führte, aufnahmen.

In den Hallen befanden sich weiterhin – »leicht auffindbar« – die Handgepäckaufbewahrung, der Pförtnerraum mit Krankenaufzug, mehrere Läden für Reisebedarfsartikel und ein Schalter für die »Paketfahrt«.

Zu dem 3,84 m höher, gegenüber den Eingangshallen gelegenen Querbahnsteigen, führen noch heute die 10 m breiten, in der Mitte durch Handläufe geteilten Freitreppen. Zu beiden Seiten befanden sich früher »geräumige, mit Ruhebänken ausgestattete Warteterrassen«, von denen man über die öffentlichen Zugänge die beiden Postdiensträume erreichen konnte. Grund für den Niveauunterschied zwischen Bahnsteighallen und Bahnhofsvorplatz war die Absicht, die im Bereich des Bahnhofs liegenden städtischen Straßen – wie z. B. die Berliner Straße – unter den Gleisanlagen durchzuführen.

Die beiden Eingangshallen sind ebenerdig durch einen 100 m langen und 12,5 m breiten Gang verbunden. Auch vom Vorplatz aus erreicht man diesen über eine große Anzahl von Türen. Ihnen gegenüber waren die Gepäckannahmestellen mit 75,5 m Gesamttischlänge und die sieben Gepäckkassen beider Eisenbahnverwaltungen angeordnet sowie dahinter, bis unter den Querbahnsteig reichend, die dazu notwendigen Lagerräume untergebracht. Unterkellert sind die östliche Halle in der vorderen Hälfte und die westliche im Bereich der Fahrkartenschalter. Hier lagen teilweise Geschäfts- bzw. Lagerräume.

Überspannt werden die 1500 m^2 großen und 26 m hohen Eingangshallen von kassettierten Tonnengewölben, in deren Mitte sich große rechteckige, früher von farbigen Friesen eingefaßte Oberlichter befinden. Durch die hohen Stirn- und Seitenfenster erhalten die Hallen zudem ausreichende Beleuchtung.

Die Eingangshallen sind im Erdgeschoß direkt mit den in den *Seitenflügeln* vorhandenen Toiletten, Auskunfts-, Wasch- und Serviceräumen sowie Dienst- und Sozialzimmern verbunden. Erreichbar sind diese im Innern über glasbedeckte Lichthöfe. In den darüberliegenden Geschossen der *Eckgebäude* und der *Seitenflügel* sind vor allem Dienst- und Wohn- bzw. Schlafräume für die Beamten der Eisenbahngesellschaften,

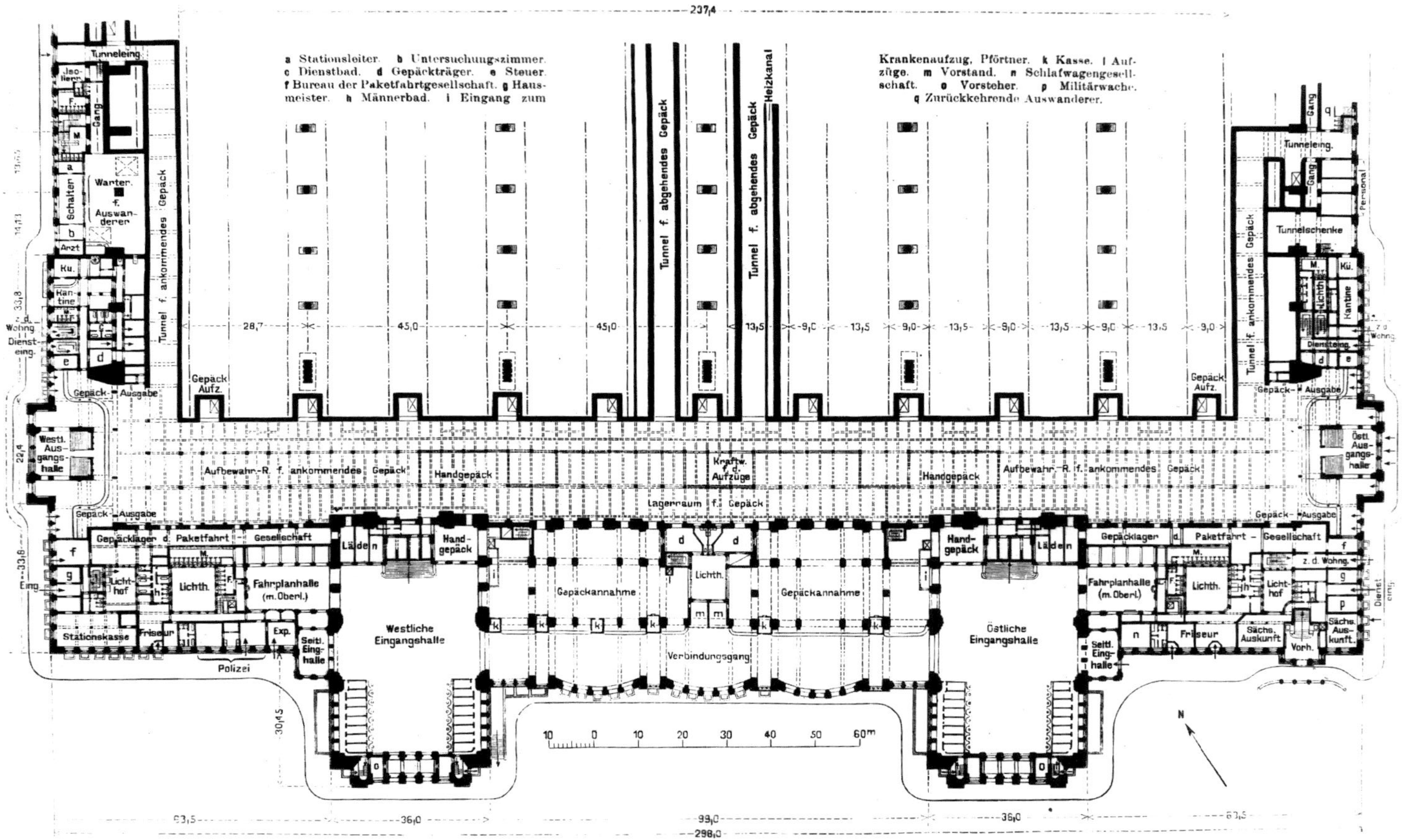

Grundriß für das Geschoß in Vorplatzhöhe

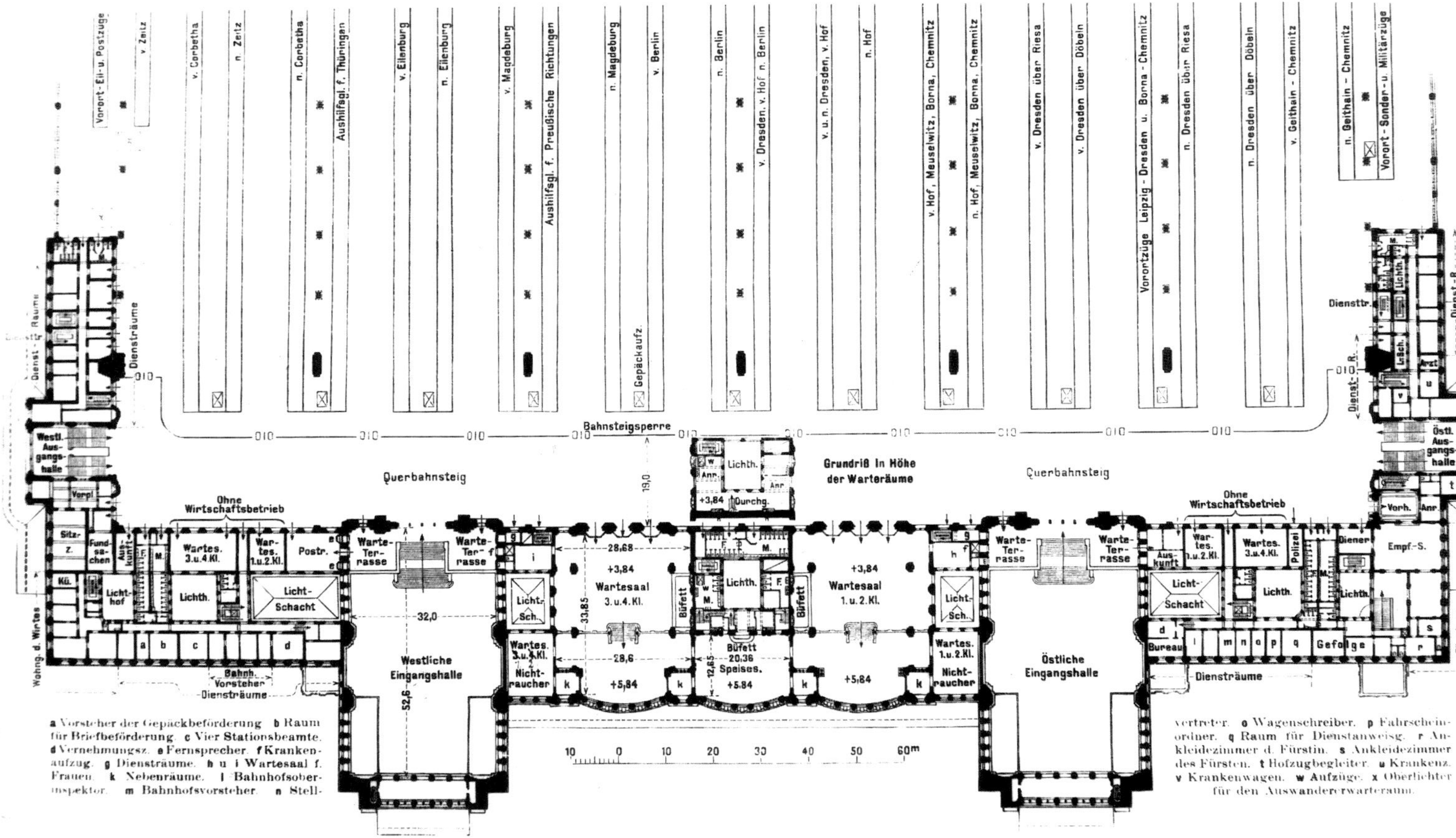

Grundriß für das Geschoß in Bahnsteighöhe

aber auch kleinere Wartesäle untergebracht. An den Bahnhofswirt wurde auch gedacht. Er erhielt im westlichen Eckgebäude eine Fünfraumwohnung. In Bahnsteighöhe führen ost- und westwärts vom Querbahnsteig 10 m breite, ebenfalls durch Handläufe geteilte Treppen in die Ausgangshallen, die mit hohen Tonnengewölben samt teilweise farbig verglasten Oberlichtern überdeckt sind. Unter den Treppen befanden sich beiderseitig Gepäckausgaben mit über 50 m langen Tischen und je eine Handgepäckannahme. Auf der sächsischen Seite wurde eine aus Sandstein ausgeführte und von vier schmiedeeisernen Laternen bekrönte Unterfahrt errichtet. Von ihr aus kommt man in eine Reihe repräsentativ ausgestalteter Räume, die dem Empfang und zeitweiligen Aufenthalt hoher Staatsgäste dienten. Durch eine mit Marmorplatten verkleidete Vorhalle gelangt man über eine drei Meter breite Marmortreppe in eine Wandelhalle, von der aus die Empfangs- und Aufenthaltsräume erreicht werden können. Im großen, 13 m langen, 9 m breiten und zweigeschossigen Hauptempfangssaal sowie in den Aufenthaltsräumen wurden die Wände mit verschiedenfarbigen Seidenstoffen bespannt und die Fußböden mit Velourteppichen belegt. Neben den Kronleuchtern aus Meißner Porzellan bzw. Kristallglas komplettierte man die Räume mit Möbeln im Empire-Stil.

Bedrückend liest sich der Bericht zur »Auswanderer-Großregistrierstation«, die unter dem westlichen Randbahnsteig bis zwei Meter unter der Straßenfläche von der Hamburg–Amerika-Linie und dem Bremer Lloyd eingebaut wurde. Rothe schreibt:

Sie ist mit diesem Bahnsteige und der Straße am westlichen Seitenflügel, die nach den preußischen Güteranlagen führt, durch Treppenanlagen verbunden. So kommen die Auswanderer, die zumeist auf den sächsischen Linien eintreffen und in Richtung Hamburg, Bremen oder Antwerpen weiterreisen, bei ihrer Beförderung nach und von genannter Registrierstation mit anderen Reisenden auf den Bahnsteigen in keine Berührung.[46]

Hatte man Angst, daß die Reisenden mitbekämen, wieviel Menschen täglich Deutschland verlassen wollten?

Während die zwei Eingangshallen, die anschließenden Eckbauten und die Seitenflügel getrennt den beiden Eisenbahnverwaltungen dienten, wurden die Räume des von den Eingangshallen umschlossenen *Mittelbaus* vom Keller bis zum Dachgeschoß – mit Ausnahme der schon erwähnten Gepäckannahme im Parterre – von den Eisenbahnverwaltungen gemeinsam genutzt. Dies betraf vor allem die Wartesäle, die Bahnhofswirtschaft sowie die umfangreichen Küchen- und Kelleranlagen. Unmittelbar vom Querbahnsteig aus sind die beiden räumlich gleich gestalteten, je 1100 m^2 großen Wartesäle (1. und 2. sowie 3. und 4. Klasse), die dazugehörigen Nebensäle für »Nichtraucher« und die Warteräume für Frauen erreichbar. Dazwischen, in der Mitte der Gebäudeachse, ist ein 315 m^2 großer Speisesaal untergebracht. Durch terrassenförmige, zum Vorplatz hin orientierte Einbauten in den beiden großen Wartesälen, zu denen 5,4 m breite Treppen führen, konnte eine äußerst reizvolle Raumgestaltung erzielt werden. Diese Anordnung ermöglichte es aber auch, den darunter liegenden Verbindungsgang zwischen den beiden Seitenhallen 2 m höher auszuführen und damit eine bessere Beleuchtung mit Tageslicht zu realisieren. Die dunkel gebeizten, hölzernen Wandbekleidungen, die sparsam verwendete Ornamentik und die kräftigen Farben an den Wand- und Deckenflächen machten den Aufenthalt in den Räumen einladend und behaglich. Als am 18. Oktober 1913 die Feierlichkeiten zu Ehren der Völkerschlacht bei Leipzig stattfanden, empfing der sächsische König im festlich hergerichteten Wartesaal der 1. und 2. Klasse den deutschen Kaiser und die deutschen Bundesfürsten. Wilhelm II. begeisterte sich laut Augenzeugenberichten daran, daß unter der überdachten Fläche des Hauptbahnhofes die gesamten verbündeten Heerscharen besagter Schlacht im Trockenen hätten stehen können.

Aber nicht nur die großartigen Dimensionen und die gut gegliederte Raumgestaltung, sondern auch die Räume des »ins Riesenhafte gesteigerten Wirtschaftsbetriebes« bedürfen einer Erwähnung. Sie wurden seinerzeit überaus großzügig angelegt sowie entsprechend den höchsten Anforderungen und mit der neuesten Technik ausgestattet. Im Dachgeschoß, über den Warte- und Speisesälen, befindet sich noch heute eine weitverzweigte Küchenanlage, über die in bautechnischer Hinsicht später noch zu sprechen sein wird. Sie enthält Anrichte-, Aufwasch-, Vorrats- und Kühlräume, eine eigene Bäckerei und Fleischerei sowie eine größere Anzahl Wohn- und Schlafräume für das Personal des Bahnhofswirtes. Die Wirtschaftsräume sind untereinander und mit den Warte- und Speisesälen sowie mit dem Kellergeschoß durch mehrere Treppen, Lasten- und Personenaufzüge verbunden. Neben diesem vor allem für die Bahnhofswirtschaft vorgesehenen Bereich befindet sich im Keller eine Kühlanlage, die nach dem »Ammoniak-Kompressions-System« arbeitet, und die Heizzentrale. Bemerkenswert ist, daß »eine mit Saug- und Druckluft betriebene Rohrpostanlage, deren Sende- bzw. Empfangsvorrichtung mit selbsttätigem Patronenauswurfe an den drei Hauptspeise-Ausgabetischen in den beiden großen Wartesälen und dem Speisesaale bzw. in der Anrichte neben dem Hauptküchenraume eingebaut« war[47] und somit den Kellnern eine schnelle Weitergabe der Speisenbestellung zur Küche ermöglichte.

Die Beheizung des Gebäudes erfolgte mit Niederdruckdampf für den preußischen Teil vom Heizwerk neben der preußischen Güteranlage und für den sächsischen Teil des Empfangsgebäudes und den Mittelbau von einem ca. 700 m entfernt gelegenen Heizhaus.

Technische Hilfsmittel und Einrichtungen

Bereits zum Pfingstfest 1912 kamen im gerade eröffneten Westteil des Hauptbahnhofes für die Anzeige der Abfahrtzeiten neue uhrenähnliche Konstruktionen zum Einsatz. Ein in einem länglich-schmalen und schmucken Häuschen untergebrachter Fahrpreisanzeiger wies sieben mit einer Glasscheibe versehene Fächer auf, in denen sich bewegliche Tafeln befanden, mit deren Hilfe der Fahrpreis zu ermitteln war. Neben den Hinweisschildern, die seit dem 3. März 1913 im Bahnhofsbereich angebracht wurden, konnte der Reisende einen Wegweiser im Taschenformat für 5 Pfennig erwerben.

An die Schutzmannschaft, die Geschirrführer und die Droschkenkutscher hatte man bereits im April 1912 einen topographischen Verkehrsplan verteilt. Die Zufahrt zum Hauptbahnhof war nur von einer Stelle aus möglich. Für die Droschken gab es zwei Halteplätze, einen am Hauptportal für Reisende mit leichtem Gepäck und einen am Seiteneingang Blücherstraße für Reisende mit schwerem Gepäck. Die Kraftdroschken, Droschken 1. und 2. Klasse sowie die bestellten Wagen hielten dort nebeneinander.

Der Wagenverkehr vor dem Hauptbahnhof hatte im Jahr 1914 einen so großen Umfang angenommen, daß Reisende zu bestimmten Stunden des Tages nur mit Mühe den Zugang zu den Straßenbahnhaltestellen und zur Stadt erreichen konnten. Durch Schutzleute versuchte man, die Fußgänger zu diesen Zeiten gefahrlos über die Straße zu bringen.

Das Gepäck, daß eine Stunde vor Abfahrt abzugeben war, wurde von der Annahmestelle 450 m durch Tunnel zu den Zügen transportiert. Hinter den Räumen der Gepäckabfertigung wurde im Januar 1913 ein Preßwasserwerk in Betrieb genommen. Es diente zur hydraulischen Betätigung der Gepäckaufzüge zwischen den Bahnsteigen und den Tunneln. 800 Zentner Last konnten von den wartungsarmen Maschinen gehoben werden.

Aufgabe der Wohlfahrtspolizei war es u. a., Proben der eingehenden Milch zu nehmen, die Fleischeinfuhr zu beaufsichtigen und das Bruttogewicht der eingehenden Waren festzustellen.

Als Gleisabschluß installierte man mächtige eiserne Prellböcke. Ihre federnde Lagerung konnte einen etwaigen Stoß einer Lokomotive abfangen. Die Widerstandsfähigkeit der Böcke war auf eine Druckkraft berechnet, die ein Zug bei einem Aufprall mit 40 km/h ausgeübt hätte.

Die von den Architekten gewählten Formen sind schlicht, aber kraftvoll. Die Gliederung der in gelblichem, wetterhartem sächsischen Elbsandstein und im Sockelbereich mit rötlich-grauem Beuchaer Diorit ausgeführten äußeren Schauseiten des Empfangsgebäudes betont mit den vorgelagerten Pfeilern und Säulen vor allem die Senkrechte. Die dem Querbahnsteig und den Randbahnsteigen zugewandten Seiten sowie die inneren Wände der Eingangshallen bis zum kassettierten Tonnengewölbe sind mit dem weicheren, aber geschliffenen Kottaer Sandstein verkleidet. Für die Sockel im Inneren wurde der Diorit poliert.

Ornamentik kommt am Gebäude sehr sparsam zum Einsatz. Die an den Fensterschäften der beiden Eingangshallen angebrachten überlebensgroßen männlichen Figuren versinnbildlichen an der westlichen einige Berufszweige im Baugewerbe (Eisenarbeiter, Steinmetz, Ingenieur, Architekt, Zimmermann, Erdarbeiter), an der östlichen Eingangshalle sind für Leipzig typische Berufs- bzw. Erwerbszweige (Musiker, Universitätsprofessor, Student, Pelzarbeiter, Handelsherr, Buchdrucker) dargestellt. An den Ausgangshallen beleben männliche und weibliche Figuren mit Volkstrachten aus Sachsen und den angrenzenden Gebieten die Fassade. Die Eckbereiche der beiden seitlichen Eingangshallen werden von je einer die Erdkugel tragenden Atlantengruppe bekrönt.

Zur Erinnerung an den ehemals im Bereich der östlichen Eingangshalle gelegenen Dresdner Bahnhof – dem Ausgangspunkt für die Ferneisenbahn in ganz Deutschland – wurde das aus dem Giebelfeld des abgebrochenen Bahnhofes geborgene Doppelwappen der Städte Leipzig und Dresden in die Stirnseite der neuen Halle eingelassen. In der Querbahnsteighalle brachte man über den westlichen Ausgängen die Städtewappen von Berlin und Halle sowie auf der östlichen Seite diejenigen von Dresden und Leipzig an.

Als künstlerische Mitarbeiter standen den Architekten die in Dresden wohnenden Professoren Georg Wrba und Karl Groß, die Bildhauer Rudolf Born, Paul Berger und Arthur Lange sowie Bruno Wollstädter aus Leipzig zur Verfügung. Die Kunstverglasungen im großen Empfangsraum für die Staatsoberhäupter wurden nach dem Entwurf von Professor Josef Goller aus Dresden ausgeführt. Die farbige Gestaltung der Wände und Decken der Innenräume besorgte der Dresdner Kunstmaler Alexander Baranowsky.

Querbahnsteighalle

Als Bindeglied zwischen dem massiven Empfangsgebäude und den zur Abwicklung des Reiseverkehrs dienenden leichten Längshallen wurde eine quergelagerte Halle angeordnet, die mit einem Tonnengewölbe überdeckt ist. Der hier gewählte Baustoff Stahlbeton sollte einerseits den massiven Eindruck des Gebäudes auch für die Halle beibehalten sowie deren Bedeutung hervorheben. Andererseits bestand die Absicht, einen Übergang zu den leichteren Formen der Stahlhallen der Längsbahnsteige zu schaffen, wofür sich die Gestaltungsmöglichkeiten des Stahlbetons besonders eigneten. So konnte man durch die den Querbahnsteig abschließende kräftige Bogenbinderreihe* eine günstige Überleitung zu den Bahnsteighallen, deren Längspfetten* auf diesen Abschlußbogenbindern ruhen, finden.

Die Wand zwischen Querhalle und Empfangsgebäude ist fast 10 m über dieses hinausgezogen, so daß ein Fensterband zur besseren Beleuchtung der Halle angebracht werden konnte. Da das Tonnengewölbe der Querbahnsteigdecke auf dieser Wand ruht, mußte bei der Ausführung derselben äußerst genau gearbeitet werden. Die Unterteilung des Querbahnsteigs folgt der Aufteilung der Längsbahnsteighallen. Den vier 45 m weit gespannten Mittel- und den zwei Seitenhallen mit je 42,5 m Spannweite sind die jeweiligen Abschlußbogenbinder* in der Querhalle zugeordnet. Unmittelbar über den Pfeilern dieser Binder sind die gekrümmten Tragbinder* der Querhallendecke aus gestalterischen Gründen kulissenartig heruntergezogen, weswegen sie den Namen Soffittenbinder* erhielten. Die übrigen Tragbinder, auch als Zwischenbinder bezeichnet, treten unwesentlich aus der kassettenartig mit Oberlichtern ausgeführten Decke hervor. Die Scheitelhöhe der Zwischenbinder über dem Querbahnsteigfußboden beträgt etwas mehr als 27 m.

Längsbahnsteighallen

Die den Wettbewerbsbedingungen beigefügte Skizze des Hallenquerschnittes deutete auf die zur Ausführung kommende Variante hin. Die meisten der 76 Entwürfe folgten den Vorgaben. Einige zeigten dagegen reizvolle Abweichungen und ließen damit eine umfassende Beschäftigung mit der Gestaltung der Längsbahnsteige erkennen.

Querschnitte verschiedener Bahnhofshallen (nächste Seite)

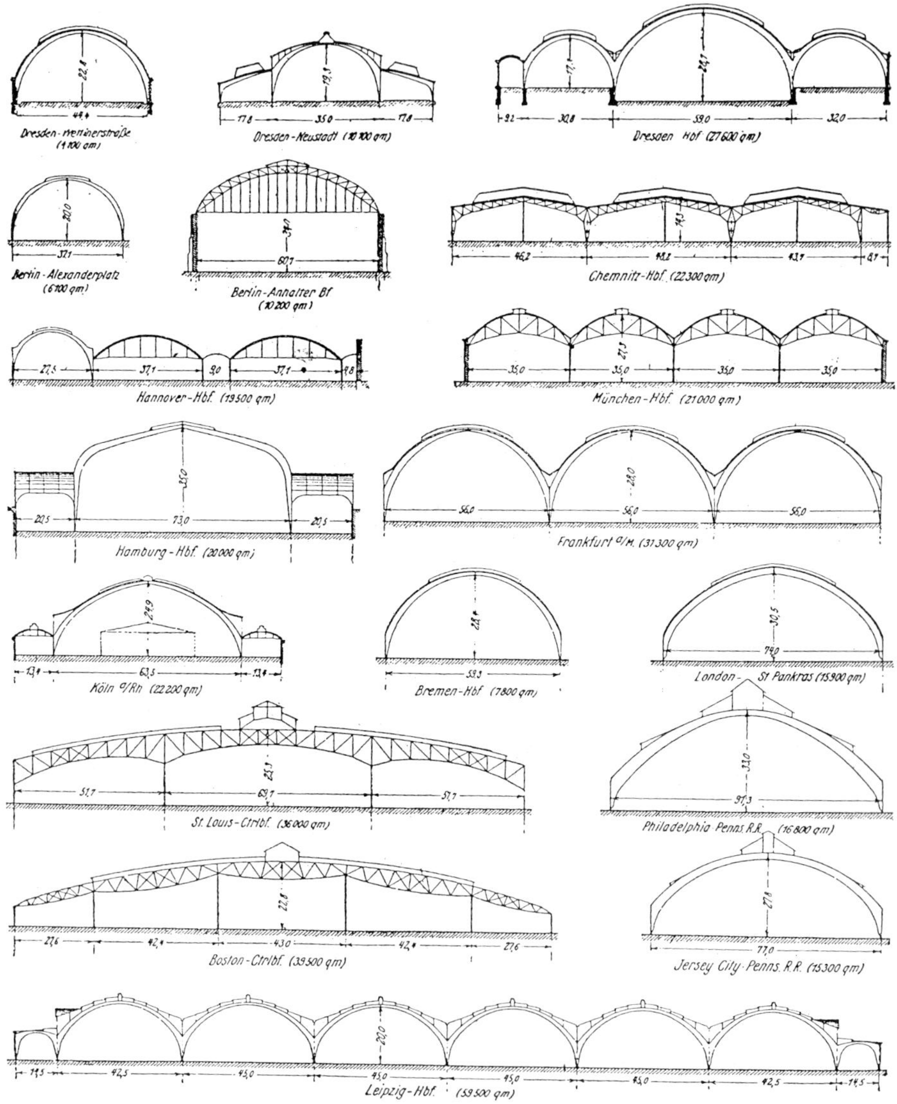
Dresden-Wettinerstraße (4100 qm)
Dresden-Neustadt (10100 qm)
Dresden Hbf (27600 qm)
Berlin-Alexanderplatz (6100 qm)
Berlin-Anhalter Bf (10200 qm)
Chemnitz-Hbf. (22300 qm)
Hannover-Hbf. (19500 qm)
München-Hbf. (21000 qm)
Hamburg-Hbf. (20000 qm)
Frankfurt a/M. (31300 qm)
Köln a/Rh (22200 qm)
Bremen-Hbf (7800 qm)
London- St Pankras (15900 qm)
St. Louis-Ctrlbf. (36000 qm)
Philadelphia Penns. R.R. (16800 qm)
Boston-Ctrlbf. (39500 qm)
Jersey City-Penns. R.R. (15300 qm)
Leipzig-Hbf. (59500 qm)

Wichtige zwischen 1860 und 1914 errichtete Bahnhofshallen mit Bogenbinderkonstruktionen

Bauort	Baujahr	Spannweite (m)	Statisches System Geometrische Form
Deutschland			
Berlin			
Kgl. Ostbahnhof	1866	37,70	Dreigelenkbogen/Gitterträger
Görlitzer Bahnhof	1866/68	37,00	Zweigelenkbogen/Sichelträger
Potsdamer Bahnhof	1868	36,00	Zweigelenkbogen/Blechträger-Kastenqu.
Schlesischer Bahnhof	1867/69	64,00	Dreigelenkbogen/Fachwerk
Lehrter Bahnhof	1870/71	42,00	?/Bogenbinder
Anhalterbahnhof	1878/79	62,50	Dreigelenkbogen/Bogenbinder/Fachwerk
Friedrichstraße	1878/82	37,00	Dreigelenkbogen/Fachwerk
Alexanderplatz	1881/82	37,50	Dreigelenkbogen/Fachwerk
Mainz	1883	42,50	Dreigelenkbogen/Fachwerk
Frankfurt/M.	1885/87	56,00	Dreigelenkbogen/Fachwerk
Bremen	1889/91	59,30	Zweigelenkbogen/Fachwerk
Köln	1890/92	63,50	Zweigelenkbogen/Fachwerk
Dresden	1895/98	59,00	Dreigelenkbogen/Fachwerk
Hamburg	1902/04	73,00	Dreigelenkbogen/Fachwerk
Metz	1909/10	43,00	Viergelenkbogen/Fachwerk
Karlsruhe	1912/13	21,60	Viergelenkbogen/Fachwerk
Basel	1913	20,00	Drei- u. Viergelenkbogen/Vollwand
Leipzig	1910/15	45,00	Dreigelenkbogen/Fachwerk

Bauort	Baujahr	Spannweite (m)	Statisches System Geometrische Form
Ausland			
London (St. Pancras)	1868	73,50	Bogenbinder mit eingespannten Kämpfen und Zugband
Liverpool	1875	50,00	Zweigelenkbogen
Glasgow	1876	60,35	Zweigelenkbogen
Manchester	1878	64,01	Zweigelenkbogen
New Jersey	1891	77,00	Dreigelenkbogen mit Zugband
Philadelphia			
Reading Station	1895	78,94	Dreigelenkbogen mit Zugband
Broadstreetstation	1895	94,18	Dreigelenkbogen mit Zugband

Während als Baustoff bei den meisten Entwürfen Stahl gewählt wurde, schlug der Architekt Peter Birkenholz aus München vor, die Hallen in Stahlbeton auszuführen. Dem konnte man durch den »notwendig zu beschleunigenden Baufortschritt« allerdings nicht folgen.

Der Anschluß der Längshallen an das Empfangsgebäude wurde bei den meisten Verfassern in einfacher Form gelöst. Einige schalteten ähnlich der späteren Ausführung eine besondere Querhalle dazwischen, allerdings in unterschiedlichen Abmessungen.

Die Anordnung der Längsbahnsteighallen folgt wie eben erwähnt den Abschlußbindern der Querbahnsteighallen. Sie haben eine Scheitelhöhe von 20 m und eine Gesamtlänge von 180 m. Allerdings empfindet der Besucher durch die massive Wirkung des Querbahnsteiges diese Länge eher verkürzt und nicht als langweilig. Östlich und westlich enden die Längsbahnsteighallen in zwei 15 m weiten, bedeutend niedrigeren Seitenhallen – der Fortsetzung der beiden Seitenflügel des Empfangsgebäudes. Dort finden die Hallen an bis zu 9 m über dem Sockelgeschoß hochgezogenen Wänden ihren Abschluß. Gegenüber dem Außenbahnhof sind die Hallen durch eine lotrechte Schürze* bis zur Durchfahrtshöhe abgegrenzt. Eine gute Beleuchtung erfolgt durch die umfangreichen Oberlichter in den Dachbereichen.

Betrachtet man die drei Bauteile – das Empfangsgebäude, den Querbahnsteig und die Bahnsteighallen – in ihrer Gesamtheit, »so vereinigen sich hier wirtschaftliche Zweckbestimmung, technische Ausführung und architektonische Durchbildung zu einem harmonischen Gesamtwerke von großer Schönheit, das dem Staate und der Stadt zur Zierde und zum Nutzen« gereicht. Dieser Ansicht, kurz vor Weihnachten 1912 vom Oberbaukommissar Mackowsky in der Zeitschrift »Baumarkt« niedergeschrieben[48], kann sicherlich noch heute zugestimmt werden.

DIE BAUAUSFÜHRUNG

Bei der Aufstellung der Entwürfe für den Neubau des Hauptbahnhofes ließ man sich von der Tatsache leiten, daß im Innenbereich der Stadt nur begrenzter Baugrund zur Verfügung stand. Deshalb hielt man es für notwendig, alle in Zentrumsnähe nicht notwendigen Anlagen in den Vororten unterzubringen. Dies galt vor allem für die Rangierbahnhöfe.

Entsprechend dem Plan des Bauabschnitts I setzte man nun intensiv die bereits von preußischer Seite 1901 begonnenen Arbeiten fort. Binnen kurzer Zeit (bis 1903) wurden der Rangierbahnhof Wahren, die Freiladeanlagen an der Eutritzscher Straße, die Übergabebahnhöfe Schönefeld und Plagwitz sowie die Umgehungsbahnen (Leutzsch-Wahren, Wahren-Mockau-Schönefeld) fertiggestellt.

Von sächsischer Seite begann man mit den Bauarbeiten auf dem Rangier- und Werkstättenbahnhof Engelsdorf und nahm u. a. den viergleisigen Ausbau der Linie Leipzig–Dresden in Angriff.

Bauarbeiten bis zur Grundsteinlegung am Personenhauptbahnhof 1900–1905

29. November 1900
Erster Spatenstich auf preußischer Seite (Freiladeanlagen auf dem Thüringer Bahnhof).

Herbst 1902
Baubeginn auf sächsischer Seite (Engelsdorf).

1903
Beginn der Arbeiten an der Güterumgehungsbahn (preußischer Teil) und der Verbindungsbahn Leutzsch bis Wahren sowie Wahren bis Schönefeld und Heiterblick.

1905
Lager-, Zoll- und Meßschuppen der preußischen Güterabfertigungsanlagen vollendet, Haltepunkt Paunsdorf-Stünz eröffnet, Baubeginn an der Berliner Brücke (westliches Haupt), Errichtung der provisorischen Überführung über die Berliner Straße (Kosten 350 000 M), Fertigstellung Lokomotivschuppen II und eines Teiles von III, Mockauer Straßenüberführung, provisorische Postanlagen am Berliner Bahnhof, Schaffung von Baufreiheit für neue Anlagen auf preußischer Seite zwischen den Magdeburger Hauptgleisen und der östlichen Bahnhofsgrenze.

9. April 1905
Inbetriebnahme des Rangierbahnhofs Wahren (72 km Gleisanlagen, fünfgleisige Hallen von 270 m Länge, Kosten 1 877 Mark/m^2 bebaute Fläche).

Die Bauarbeiten und ersten neu errichteten Gebäude stießen jedoch nicht nur auf Zustimmung. So war am 22. Januar 1905 im Leipziger Tageblatt zu lesen:

[...] Wer öfter das Vergnügen hat, am Thüringer Bahnhofe vorbei, durch die Berliner Straße zu wandern und dann mühsam die Steigung der Notbrücke über die Thüringer und Magdeburger Geleise zu erklimmen, der kann schon einiges von den Anlagen der preußischen Seite sehen. Er wird nicht sehr erfreut sein! Zuerst, am Thüringer Bahnhofe, grüßt ihn freundlich das braunglasierte Dach des Zollgebäudes. An der Ecke ein Türmchen, mit Kupfer gedeckt, mit Fensterchen nach allen Seiten. Es soll wohl ein Leuchtturm sein, der den Rollwagenkutschern den Weg durch die Wogen des Verkehrs weist; oder ist es ein Ausguck, von dem Wache gehalten werden soll, ob nicht jemand unverzollte Waren ausführt? Nein, beim Näherkommen sehen wir, daß hinter den Fenstern nur das Gespärre des Turmes sich findet und auch nicht viel mehr dort Platz hat. Das Türmchen deckt nur mitleidig die Stelle, wo die Dächer nicht gut zusammenpassen wollten.

Immerhin, das Zollgebäude ist noch erträglich. Gehen wir weiter. An der Stelle, wo die Straßenbahn immer warten muß, wenn man gerade eilig nach dem Berliner Bahnhof will, und

wo die Lastwagen Vorspann nehmen müssen, sehen wir links an der Roscherstraße ein Haus, noch im Rohbau.
Daß unsere Bauunternehmer nicht immer gute Architekten sind, wissen wir ja; daß der Grundriß eines eingebauten Hauses auch auf das freistehende ohne weiteres passen muß, ohne Rücksicht auf Himmelsrichtung und Aussehen, daß der ungeschickten Form des Ganzen durch kleinlichen und geschmacklosen Zierat aufgeholfen wird, das alles sind wir ja leider gewöhnt. Aber an dem Hause dort, das aussieht wie das Werk eines kümmerlichen Vorstadt-Bauunternehmers, steht angeschrieben: Bauherr: Kgl. preußische Eisenbahndirektion Halle a.S.! Mit einer ganzen Reihe von Gebäuden für Dienst- und Wohnungszwecke wird die Königliche Eisenbahndirektion Leipzig und Umgegend beglücken. Zu Wahren sollen schon einige stehen, die dem in der Roscherstraße nichts nachgeben. Hält denn die Königlich preußische Eisenbahndirektion eine sachgemäße Gestaltung ihrer Hochbauten für einen Luxus oder soll man annehmen, daß sie an diesen Werken selbst Gefallen findet? Offenbar hat kein Architekt dabei mitgewirkt. Daß der Ingenieur, dessen Gebiet so umfassend ist, auch noch Meister in Hochbausachen ist, kann kein Mensch verlangen. Wenn er aber so den Architekten ins Handwerk pfuscht, so zeugt das von geringer Achtung für dessen Beruf und vor allem für die Stadt, die mit solchen Bauten bedacht wird. Was soll daraus werden, wenn in dem Stile der Roscherstraße weiter »gebaut« wird?

Bauarbeiten bis zur Grundsteinlegung am Personenhauptbahnhof 1905–1907

Ende November 1905
Elektrizitätswerk im Gleisdreieck Connewitz errichtet, Abgabe von Strom für Beleuchtung und Maschinen für die Engelsdorfer Anlagen.

11. Dezember 1905
Fertigstellung des ersten Teils des Werkstättenbahnhofs Engelsdorf (Lokomotivausbesserungswerkstatt und Lokomotivschmiede).

1. Mai 1906
Übergabe des Rangierbahnhofes Engelsdorf (ca. 4400 m^2, 50 km Gleise, 115 einfache und 45 Kreuzungsweichen).
Inbetriebnahme des Übergabebahnhofes Schönefeld, damit Übergabeverkehr zwischen Preußen und Sachsen auf altem Übergabebahnhof eingestellt.

Oktober 1906
2. Teil des Werkstättenbahnhofes in Engelsdorf übergeben, Wegfall der Berlin-Hofer Bahn.

bis Ende 1906
Abbruch des alten Übergabebahnhofs und der Werkstättenanlagen am Dresdner Bahnhof, Beginn von Erdschüttungen, Bau von Schienenanlagen sowie der Güteranlagen und des Maschinenbahnhofes.

1. Mai 1907
Inbetriebnahme des Bahnhofes Plagwitz mit den Verbindungsbahnen nach Großzschocher als Anschluß an die alte Gaschwitz-Plagwitzer Bahnlinie.

1. Juni 1907
Verlegung der Hauptgleise der Linie Leipzig–Dresden innerhalb des zukünftigen Hauptbahnhofes.

1. Juli 1907
Fertigstellung des neuen Lagerhauses auf dem Güterbahnhof Leipzig II.

1. Oktober 1907
Bahnhof Gaschwitz in Betrieb genommen.

15. Oktober 1907
Verlegung des Thüringer Verkehrs zum Dresdner Bahnhof.

6. November 1907
Arbeiten an der Ölgasanstalt beendet.

20. Dezember 1907
Fertigstellung des Rundheizhauses A.

Fertiggestellte beziehungsweise in Arbeit befindliche Verbindungsbahnen

Preußische Seite:
Wahren-Leutzsch, Wahren-Schönefeld-Heiterblick.

Sächsische Seite:
vom Verschiebebahnhof Engelsdorf bis Schönefeld, vom Verschiebebahnhof Engelsdorf bis Stötteritz als Anschluß an die Verbindungsbahn zwischen Berliner und Bayrischem Bahnhof, zwischen Leipzig–Dresdener und Leipzig-Hofer Verbindungsbahn.

Fertiggestellte beziehungsweise in Arbeit befindliche Verkehrsstellen

Preußische Seite:
Ausbau der Bahnhofsanlagen in Plagwitz-Lindenau, Leutzsch, Wahren und Schönefeld, Neubau in Wiederitzsch und Thekla.

Sächsische Seite:
Erweiterung bzw. Umgestaltung des Haltepunktes Schönefeld, Neubau der Haltepunkte Paunsdorf, Stünz, Stötteritz, Gaschwitz und Großzschocher (Ost).

Die Bilanz auf sächsischer Seite lautete am Ende des Jahres 1907: 2156 Mio m^3 Erde waren bewegt und 52 500 m^3 Brückenmauerwerk gefertigt worden, 5000 t Eisenkonstruktionen hatte man in Brücken und Dächern verbaut. 571 Weichen, 147,7 km Gleisoberbau und 17 525 m Schleusen sowie die Errichtung von 143 Gebäuden trugen zu den Gesamtausgaben von 38,185 Millionen Mark für die Jahre 1902–1907 bei.

Im Bereich der äußeren Bahnanlagen entstanden auch bemerkenswerte Kunstbauten. Wegen der grundsätzlichen Überlegung, alle die Bahnanlagen in Schienenhöhe kreuzenden

Viadukt über die Elster-Luppe-Flutrinne

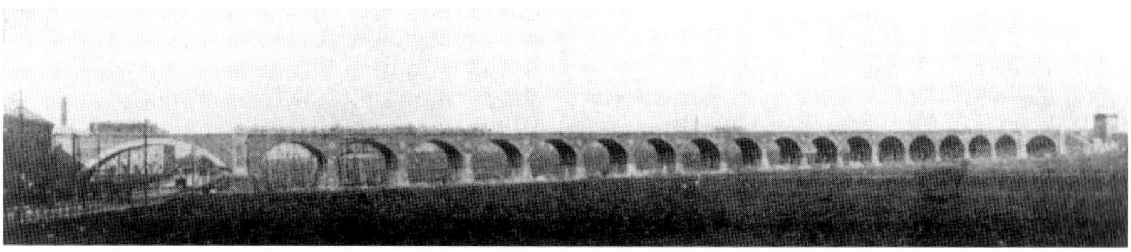

Viadukt bei Wahren

Straßen und Wege zu beseitigen und diese durch Unter- oder Überführungen zu ersetzen bzw. bei Neuanlage diese ebenso auszuführen, wurden vorzügliche Konstruktionen geschaffen.

So baute man für die Verbindungsbahn Leutzsch-Wahren-Schönefeld-Heiterblick drei größere, durch örtliche Verhältnisse notwendig gewordene *Viadukte.*

Der in Leipzig zwar allgemein gute Baugrund ist gerade im Bereich der Flußniederungen sehr moorhaltig. Das bedeutet, daß die Gründungen für die Viadukte sehr aufwendig ausgeführt werden mußten. So waren Stampfbetonfundamente zwischen Spundwänden* und auf Senkbrunnen* die Regel. Dem für die Pfeiler und die Gewölbe der Viadukte geplanten Beton wurde schließlich doch gelbes Ziegelmauerwerk vorgezogen, was den Bauwerken ihr heute noch typisches Aussehen gibt.

Bei der Überführung der beiden Gütergleise der Linie Wahren–Schönefeld sowie der zweigleisigen Strecke Leipzig-Eilenburg über die Parthe, die an der ausgewählten Stelle 4 m breit war, mußte die Brücke nach »landespolizeilicher Anordnung«

Viadukte

- Viadukt über die Flutrinne, die das Hochwasser der Elster und Luppe abführt (7 Öffnungen mit je 20 m lichte Weite, Gesamtlänge 167 m, 180400 Mark)
- Viadukt zwischen Großwiederitzsch und Mockau (20 Öffnungen zu je 13 m lichte Weite)
- Viadukt über die Elsterniederung bei Wahren (26 Öffnungen, lichte Weite zwischen 10 m und 27,10 m, Gesamtlänge über 565 m, 689800 Mark); ist nur 13 m kürzer als die Göltzschtalbrücke und damit die zweitlängste Eisenbahnbrücke Sachsens

auf 30 m Breite bemessen und deshalb erheblich tiefer gegründet werden, als es der Baugrund verlangt hätte. Ursache war die Planung, das Parthenbett später für einen Kanal von der Elster zur Elbe, der Leipzig mit dem Meer verbinden sollte, zu benutzen. Statt 1,75 m wurde die Gründungssohle 5 m unter die Oberfläche gelegt.

Enormer Wasserandrang, aber auch der z.T. schlechte Baugrund erforderte sowohl für die Lehrgerüste* als auch bei der Baudurchführung besondere bautechnische Maßnahmen. Die Kosten beliefen sich schließlich auf 105356 Mark.

Kreuzung Dübener Landstraße

Im Bereich der Kreuzung der Strecke Wahren–Schönefeld mit der Dübener Landstraße wurden mehrere bemerkenswerte Brückenkonstruktionen errichtet. Eine gewölbte schiefe Überführung von 18,55 m lichte Weite und Brücken mit eisernen Überbauten bis zu 42 m Stützweite überquerten Straßen und verschiedene Eisenbahnlinien. Die Herstellung der Stahlfachwerke mußte, da der Zugbetrieb auf der Berliner Strecke nicht unterbrochen werden durfte, seitlich erfolgen. Schließlich installierte man die fertigen Brückenteile am vorgesehenen Ort, wobei sie auf speziell für diesen Zweck konstruierten kleinen Wagen eingefahren wurden.

Die Wölbbrücke über die Straße von Paunsdorf nach Mockau im Bereich des westlichen Ablaufberges des Verschiebebahnhofes Engelsdorf, die sich bei 18 m Spannweite 9 m über der Straße erhebt und immerhin 35 m breit ist, kostete 131 600 Mark. Bei diesem Bauwerk setzten die Bodenverhältnisse (stark wasserführende Treibsandschichten) die Bauausführenden gleichfalls vor besondere Schwierigkeiten.

Die 33 m lange Überführung der Eisenbahnlinie am Südende des Stötteritzer Bahnhofes, die mit drei Öffnungen versehen ist, wurde nach einem vor der Jahrhundertwende vom Braunschweiger Hochschulprofessor Max Möller entwickelten System errichtet. Man verwendete Stahl und Beton ohne direkten Verbund der beiden Baustoffe und bewegte sich damit im Grenzbereich des Stahl- bzw. Eisenbetons (übliche Bezeichnung bis in die 20er Jahre). Gewählt wurde diese Bauart, da sie gegenüber dem Einsatz von Stahlträgern wesentlich billiger ausgeführt werden konnte. So beliefen sich die Kosten letztlich auf 100 600 Mark.

Für die *Verlegung der Parthe* erwies es sich als effektivste und kostengünstigste Lösung, den Fluß, der den Hauptbahnhof im Nordwesten kreuzte, so weit nach Norden umzuleiten, daß nur noch ein geringer Teil vom Bahnkörper zu überbrücken war. Bei Beibehaltung der alten Lage hätten 720 m überwunden werden müssen. Durch die Verlegung wurde eine Überwölbung von 313 m bei 885 m neuem Flußbett notwendig. Der Durchlaß hat von der Sohle bis zum Scheitel bei einer lichten Weite von 12 m eine Höhe von 5,5 m und kann damit selbst eine Hochwassermenge von 36 m^3/Sek

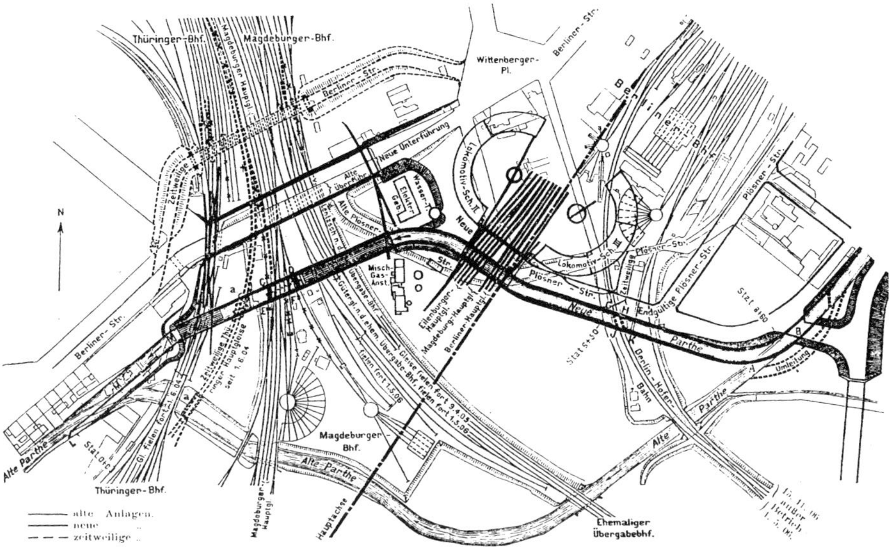

Plan für die Verlegung der Parthe

aufnehmen. Eine Vorflutschleuse trägt zudem an dieser Stelle zur Entwässerung des Bahnhofes bei.

Schwierigkeiten bereitete die Bauausführung bei der Überwölbung unter den alten Magdeburger Gleisen, da diese 3 m tiefer als das später neu zu verlegende Gleisbett lagen. Nach einer Bauzeit von drei Jahren war am 21. August 1906 die Umleitung der Parthe abgeschlossen. Die Kosten beliefen sich auf 610 000 Mark.

Wichtigstes Ereignis im *Bauabschnitt II* war die Grundsteinlegung für den Hauptbahnhof am 16. November 1909 unter der südwestlichen Ecke des zukünftigen Empfangsgebäudes am Bahnhofsvorplatz. Zum feierlichen Akt waren Vertreter der preußischen und sächsischen Staatseisenbahnen, des Rates der Stadt Leipzig sowie die Architekten und der Bauherr zugegen. Eine Kapsel, die im Grundstein versenkt wurde, enthält Dokumente, etwa Unterlagen der Planung, Münzen, Tageszeitungen sowie eine Urkunde zur Grundsteinlegung. Letztere gibt über den Wettbewerb zum Empfangsgebäude und dessen

Sieger Auskunft, vermerkt den ungünstigen Baugrund vor allem im westlichen Bereich, hält den Kostenvoranschlag für das Gebäude fest, verweist auf das Gelände der drei alten Bahnhöfe und darauf, daß der Grundstein gegen 11.15 Uhr gelegt wurde. Die Weihe geschah in althergebrachter Weise durch einen Spruch und einen Hammerschlag.

Während des Bauabschnitts II entstanden die westliche Hälfte des Bahnhofes sowie der erste Teils der Bahnsteiganlagen. Alle bedeutenden Bahnhofsanlagen im Zentrumsbereich wurden in den Bauabschnitten II beziehungsweise III fertiggestellt.

Grundvoraussetzung für den Beginn der Arbeiten war die Freilegung des Geländes. Nicht nur die drei alten Bahnhöfe mußten dem Baugelände Platz machen, sondern auch eine Reihe von Gebäuden, die sich im wesentlichen auf dem zukünftigen Vorplatz befanden – so unter anderem der städtische Lagerhof, das Hauptzollamt, das fiskalische Zollgebäude, verschiedene Geschäftshäuser, darunter das Ticharmanns

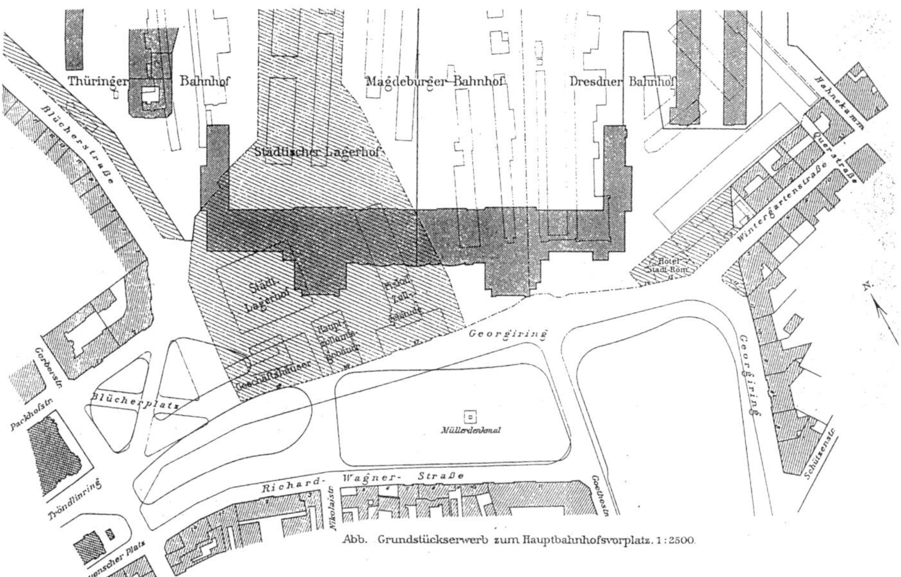

Die Lage des neuen Hauptbahnhofes sowie seiner Vorgängerbauten

Haus, und im östlichen Bereich das Hotel Stadt Rom. Über die beiden erst genannten schrieben die Leipziger Neuesten Nachrichten, daß sie am 2. Februar 1910 schon bis zur dritten und zweiten Etage niedergebracht waren. »Spitzhacke und Schaufel arbeiten schon eifrig am Niederreißen«.[49] Alles verwertbare Baumaterial wurde gesäubert und ordentlich gestapelt, um es beim Neubau wieder zu verwenden.

Am 16. März 1910 berichteten die Leipziger Neuesten Nachrichten, daß die am Georgiring stehenden stattlichen Bauten zum Teil schon abgebrochen waren, wodurch sich das Stadtbild grundlegend veränderte. Auf dem alten Wageplatz, wo zu Messezeiten viele Frachtwagen unter einem Schutzbau gestanden hatten und auch das Leipziger Original »Schmierfritz« seinen Wirkungskreis hatte, arbeitete man nun an der neuen Börse. Abgerissen wurde das alte Wachgebäude der ehemaligen Garnison der "tapferen Jäger" an der Gerberstraße. Das gleiche Schicksal erfuhr der 1742 errichtete Rokokobau des Hauptsteueramtes. Mit der Überbauung der Gerber- und der Parthewiese verschwanden die Gebiete, die als Pichhof von den Böttchern zum Auspichen der Fässer genutzt worden waren.

Mitte April 1909 waren die Vorbereitungen soweit gediehen, daß man mit den Ausschachtarbeiten für das *Empfangsgebäude* beginnen konnte. Am 13. Mai 1909 wurde der erste Spatenstich auf der Westseite, gegenüber der Leipziger Feuerversicherungsanstalt, ausgeführt.

Die Ingenieure und Architekten hatten sich infolge der geplanten Dimensionen des Baus besonderen Anforderungen zu stellen. Die Gründung des Gebäudes sowie der sich zum Teil anschließenden Anlagen erwies sich als sehr schwierig. Das von der Parthe mit ihren vielen Nebenarmen durchzogene Gebiet bildete eine sumpfige Niederung. Hinzu kam, daß mit Niederlegung der Stadtmauer im 17. und 18. Jahrhundert das umliegende Gelände für die Stadterweiterung (Blücherplatz und Promenade) um ca. 3 m aufgefüllt worden war. Bei den Ausschachtungsarbeiten fand man vor allem Schutt und Abfallstoffe wie Rindergehörne und Hufe, die von den ehemaligen Lohgerbereien aus der jetzigen Gerberstraße stammten. Aber auch Kanonenkugeln und Sprengstücke, welche von den Ereignissen der Schlacht im Jahr 1813 kündeten, waren unter den Fundstücken. Die sorgfältigen Bodenuntersuchungen ergaben, daß tragfähiger Baugrund erst in 6–7 m Tiefe in Form von grobkörnigem Kies zur Verfügung stand.

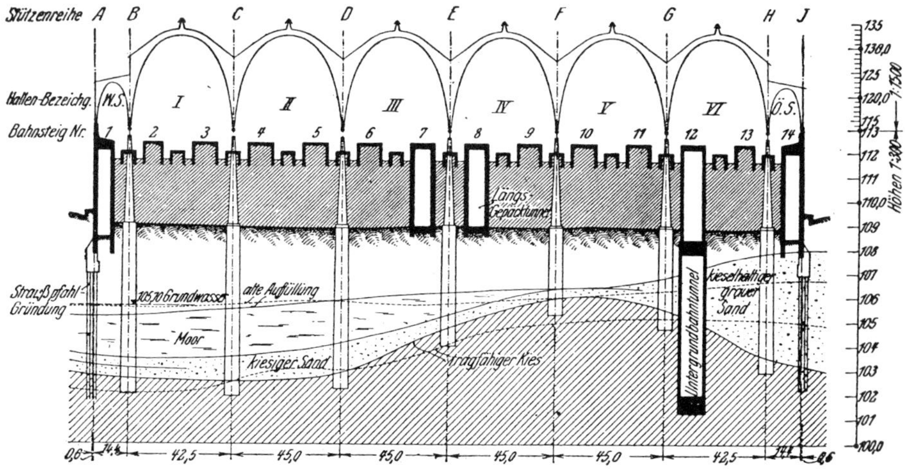

Geologischer Querschnitt des Bauplatzes

Durch den hohen Grundwasserspiegel (3,2 m unter der Geländeoberfläche) mußten vor allem im Bereich der preußischen Hälfte alle Pfeiler und Mauern auf Betonpfähle gegründet werden, die 50 cm in den tragfähigen Boden hineinreichten. Zur Aufnahme von schräg bzw. horizontal wirkenden Kräften wurden einige Pfähle im Winkel von 60° eingebracht. Man verwendete zwei verschiedene Sorten von Gründungspfählen, zum einen die Stahlbetonpfähle 30 x30 cm der »A. G. für Beton- und Monierbau« Zweigniederlassung Leipzig und zum anderen solche nach dem »System Strauß« von der »Fa. Dyckerhoff & Widmann A. G.« der Zweigniederlassung in Dresden. Bei letzteren handelte es sich um Bohrungen von 25 cm Durchmesser, die dann ausschließlich mit Stahl und Beton ausgefüllt wurden. Sie konnten eine Belastung von 23t pro Pfahl aufnehmen und wurden beim westlichen Eckbau und den Seitenflügeln eingesetzt. Die Stahlbetonpfähle der »Beton- und Monierbau« waren in der Lage, eine Last von 20 t in den Baugrund zu übertragen. Man verwendete sie an der westlichen Eingangshalle sowie am Mittelbau. So ruhen Streifen- und Flächenfundamente im Bereich des gesamten Empfangsgebäudes auf 3.125 teils bewehrten, teils unbewehrten* 3–7 m langen Pfählen und übertragen die enormen Lasten des Gebäudes sicher in den tragfähigen Baugrund.

Als Baustoffe für die Eingangshallen und den Mittelbau wählte man vor allem Naturstein für die Schauseiten – sowohl zu den Straßen als auch als Verkleidung zum Querbahnsteig hin –, mit Naturstein versehenes beziehungsweise verputztes Mauerwerk für die weiteren tragenden und nichttragenden Wände, Pfeiler und Stützen, Stahlbeton für die Deckenkonstruktionen mit großen Spannweiten und Stahl für das riesige Dach, das mit Freiwaldauer Mönch- und Nonnenziegeln eingedeckt wurde. Bei den nicht von außen sichtbaren Dachflächen verwendete man Bieberschwänze, Holzzement und Teerpappe.

Das Dachtragwerk, an dem die 1689 m^2 große, kräftig gegliederte, korbbogenförmige Kassettendecke mit eingelassenem Oberlicht hängt, besteht aus stählernen Fachwerkbindern* von 33,3 m Stützweite mit einseitig ausgeführten beweglichen Auflagern*. Ähnlich sind die Überdachungen der seitlichen Ausgangshallen der Querbahnsteige gestaltet. Die Hauptarbeiten wurden hier von der in Leipzig ansässigen Firma »Albin Neumann« ausgeführt.

Eine ingenieurtechnische vorzügliche Leistung stellen die Stahlbetondeckenkonstruktionen über den Warte- und Speisesälen dar, die von der Leipziger Firma »Kell & Löser« ausgeführt wurden. Für die Decke im Wartesaal II. Klasse mußten verschiedene Unterzüge* eingebaut werden. Der größte in TT-Form hat eine Stützweite von 20,50 m und eine Höhe von 2,40 m. Allein die obere Platte hatte eine Breite von 1,80 m und eine Dicke von 0,80 m. Zur Gewichtsverminderung wurde der Steg* mit einer Dicke von 0,50 m zweigeteilt. Verbindende Querbalken gaben ihm die nötige Steifigkeit. Im Bereich der Fensterwand hätte ein solcher in den Raum ragender Unterzug störend gewirkt. Deshalb wurde hier ein Hängewerk-Rahmen*

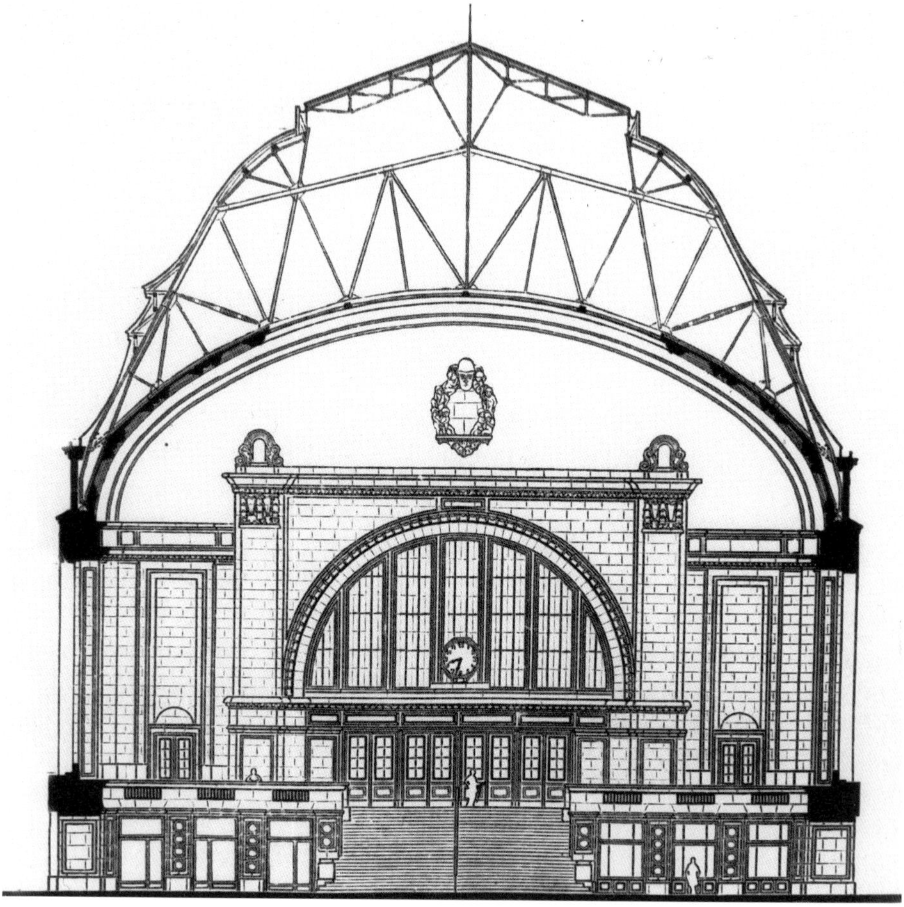

Schnitt durch die Eingangshalle

gewählt, der 3,60 m in den Dachraum ragt. Die massive Decke ist mit Stahlbetonstreben* daran angehängt.

Ähnlich ist auch die Decke über den Speisesälen konstruiert. Hier wurden zwei Hauptunterzüge mit einer Spannweite von 20,40 m an Stahlbetonrahmen angehängt, da die Decke die Küche mit ihren zum Teil sehr schweren Geräten tragen mußte. Der seitlichen Aussteifung der Unterzüge dienen Diagonalbalken, die im mittleren Teil eine kreuzweis bewehrte Platte* (4,50 m x 4,50 m) aufnehmen. Seitlich der Hauptunterzüge wurde zur Aufnahme der Abflußleitungen eine Doppeldecke ausgebildet, deren oberer Teil aus abnehmbaren einzelnen Platten besteht. Dadurch ist jederzeit ein leichter Zugang zu den Leitungen möglich. Eine Meisterleistung für sich waren dabei die Schalarbeiten und das Einbringen der Bewehrung*.

Spektakulär, weil zum Teil völlig neue Wege beschreitend, waren die Stahlbetonkonstruktionen des Leipziger Hauptbahnhofes, insbesondere die der *Querbahnsteighalle.*

Schon in den Ausschreibungsbedingungen des Wettbewerbs war nachdrücklich darauf hingewiesen worden, das Bindeglied – der Querbahnsteig – sei eine besondere Lösung, die sich aus der Aufgabe des Kopfbahnhofes ergäbe. Bei bis dahin errichteten Kopfbahnhöfen war diese Ausbildung sowohl gestalterisch als auch funktional nicht in vollem Maße gelungen.[50]

In dem Entwurf von Lossow und Kühne endeten die Längshallen in einer Entfernung von 35 m vor dem Empfangsgebäude. Der freibleibende Raum wurde mit einem gewaltigen Tonnengewölbe überdeckt. Bei der Wahl des Baustoffes wollte man den Stahlbeton zur Geltung kommen lassen. Nach zeitgenössischer Auffassung machte dieser einen massiven Eindruck, gestattete aber gleichzeitig eine leichte und gegliederte Bauweise.[51] Zum ersten Mal wurde somit der Versuch unternommen, ein Gebäudeteil derartiger Größe und Funktion in Stahlbeton auszuführen. Die Verwirklichung dieses Grundgedankens sowie der Entwurf, die Projektierung und die statische Berechnung oblag, in Zusammenarbeit mit den genannten Architekten, Vertretern der beteiligten Ministerien und beider Eisenbahnverwaltungen sowie der Firma »Dyckerhoff & Widmann A.-G.« Dresden. Besondere Verdienste bei der Ausführung erwarb sich deren Direktor, der Regierungsbaumeister a. D. Willi Gehler.

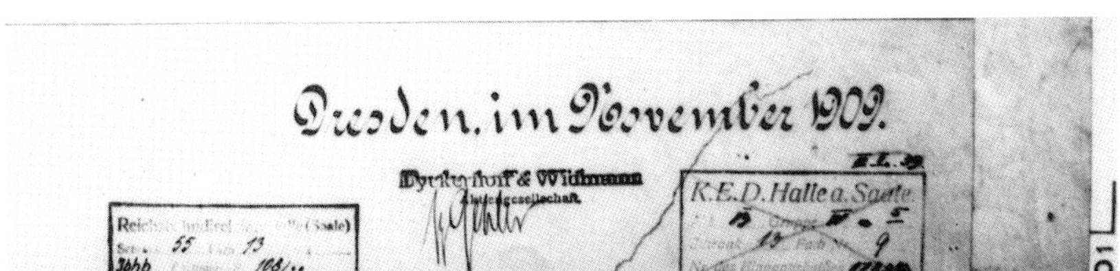

Originalunterschrift von Gehler unter der Ausführungszeichnung (Faksimile)

Abschlußbogenbinderreihe

FA. DYCKERHOFF & WIDHANN FA. MAX POMMER FA. RUDOLF WOLLE

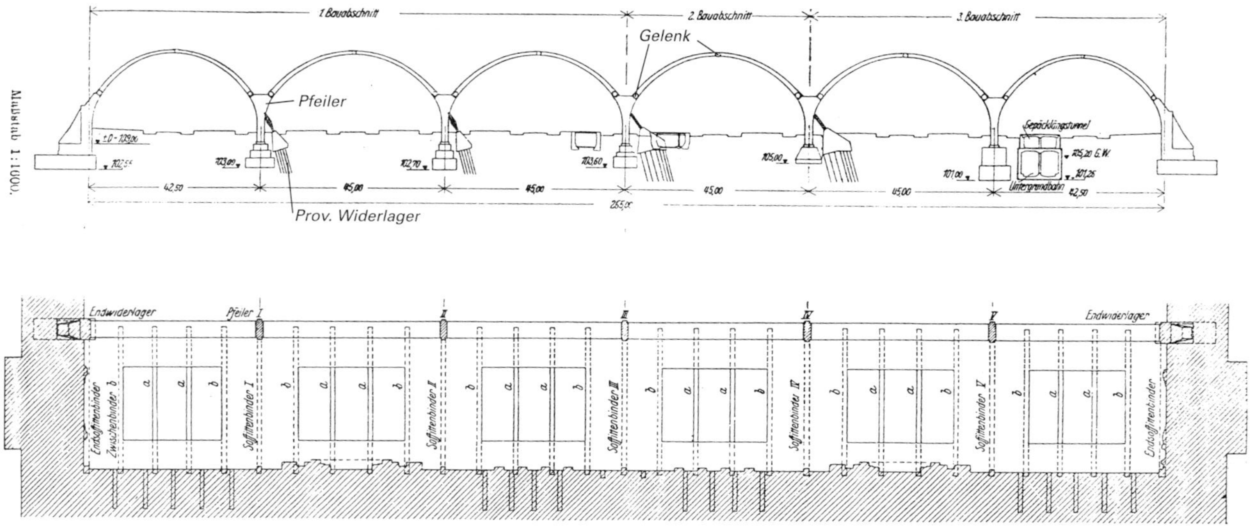

Maßstab 1:1000.

Angabe der Bauabschnitte und Darstellung der provisorischen Widerlager

In drei zeitlich getrennten Bauabschnitten wurde die Errichtung den drei leistungsstärksten Bauunternehmungen in Sachsen übertragen: der Firma »Dyckerhoff & Widmann A.-G.« Dresden (erster Bauabschnitt, preußische Hälfte des Querbahnsteiges), der Firma »Max Pommer« in Leipzig (zweiter Bauabschnitt, $^1/_6$ der gesamten Halle), der Firma »Rudolf Wolle« in Leipzig (dritter Bauabschnitt, $^1/_3$ der gesamten Halle).

Die 1895 in Dresden gegründete Niederlassung der Firma »Dyckerhoff & Widmann A.-G.« hatte sich mit ihrem Baubetrieb in Cossebaude zu einem »großgewerblich-kaufmännischen Unternehmen industriellen Charakters«[52] entwickelt. Als

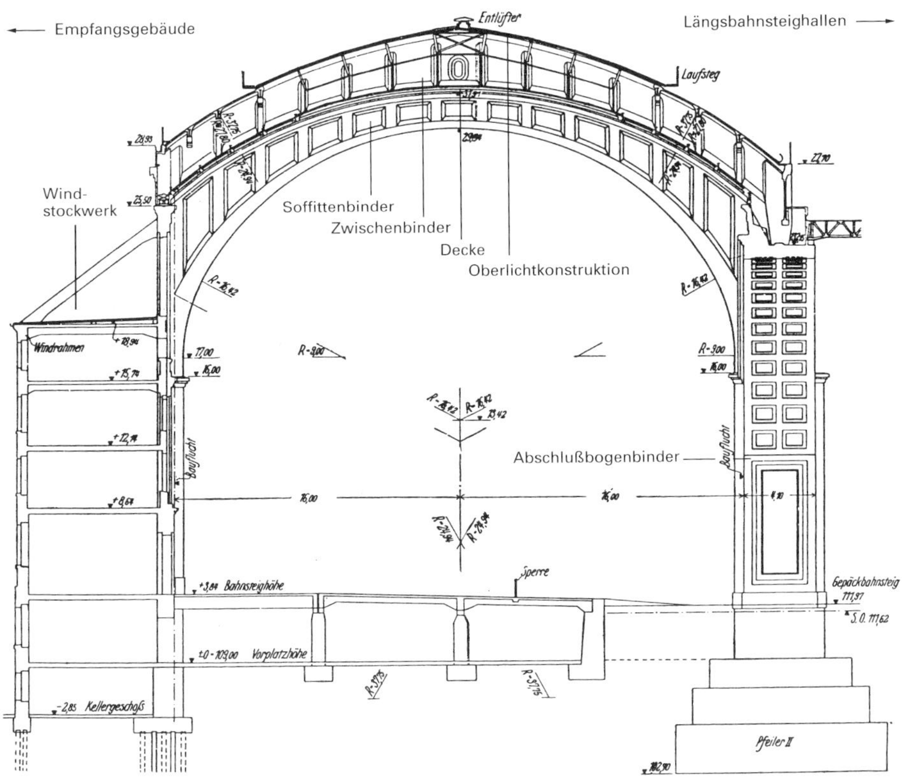

Schnitt durch die Querbahnsteighalle

größte Stahlbetonunternehmung in Sachsen war sie in der Lage, alle Bauobjekte des Hoch- und Tiefbaus von der Projektierung bis zur Herstellung auszuführen. Es lag auf der Hand, ihr den größten Teil der Ausführungen an der Querbahnsteighalle, aber auch die Projektierung zu überlassen. Den beiden Leipziger Firmen wurden sicher aus lokalpatriotischen Gründen und weil sie kostengünstige Angebote unterbreiteten ebenfalls Baulose* für die Errichtung übertragen, wobei hier der Bauunternehmer und Architekt Max Pommer als Pionier des Stahlbetonbaus in Sachsen besonders hervorgehoben werden muß.

Vor den Konstrukteuren stand bei der Errichtung der Querbahnsteighalle die Aufgabe, eine Fläche von etwa 10000 m^2 zu überdachen. Der rechteckige Grundriß bedingt die Grundform einer einfachen Halle mit parallel stehenden Bindern. Das Tonnengewölbe hat eine Spannweite von 34 m und ist 273 m lang. Sein Scheitel liegt 29 m über dem Querbahnsteigfußboden.

Über die Halle sind »wohl die größten Binderkonstruktionen in Eisenbeton überhaupt«[53] gespannt. Die Hauptbinder (Soffittenbinder*), die aus gestalterischen Gründen besonders hervortreten, teilen die Halle in sechs nahezu gleichgroße Felder. Die Zwischenbinder* sind im Abstand von 9 bzw. 8,5 m angeordnet. Das als Balken auf zwei Stützen ausgeführte statische System hat zum einen sein Auflager auf der Mauerwerkswand des Empfangsgebäudes und zum anderen auf den Abschlußbögen zu den Längsbahnsteigen. Im Querschnitt bildet der Binder einen Plattenbalken*.

Die Frage, warum die einzelnen Binder der Querhalle nicht als Rahmenträger ausgebildet wurden, ist von Gehler eingehend untersucht worden. In seinen Ausführungen weist er darauf hin, daß ein Balken auf zwei Stützen die »einfachste und wirtschaftlichste Lösung«[54] darstellte.

Auf Grund der konkreten Bedingungen und konstruktiven Probleme entschloß er sich deshalb, »wenn auch schweren Herzens«[55], auf die Rahmenkonstruktion zu verzichten. Die Haupt- und Zwischenbinder sind statisch und infolge der Belastung durch das Gewicht der Hallendecke und der Wind- und Schneelast gleich beansprucht.

»Die Gestaltung der Zwischenbinder als frei gestützte Balken von 35 m Spannweite bot eine durchaus neuartige Aufgabe für den Eisenbetonbau«[56], bemerkte Gehler in einem Vortrag auf der XV. Hauptversammlung des Deutschen Betonvereins 1912 in Berlin und verwies dabei auf die starke Krümmung der Träger. »Jedenfalls stellt das ganze eine zwar hochinteressante, aber nach Art und Abmessungen auch recht ungewöhnliche Ausführung dar, und es ist begreiflich, daß sie an verschiedenen Stellen Bedenken erregte – vielleicht auch jetzt noch manchmal erweckt.«[57]

Sicherlich auch zur Beruhigung ängstlicher Gemüter, aber vor allem um vorhandene Unklarheiten zu beseitigen, entschlossen sich die drei ausführenden Firmen im Jahr 1910, Versuche an einem Probebinder in natürlicher Größe vorzunehmen, um das statische und elastische Verhalten dieses Bauteils zu testen.[58]

Versuche mit originalgroßen Probekörpern waren nicht neu.[59] Bereits 1894 wurden von Carl Bach zum ersten Mal an Stelle der bisher verwendeten kleinen Laboratoriums-Probe große Betonkörper geprüft. Allerdings fanden diese Experimente kaum Eingang in die Baupraxis. Die Versuche am Probebinder für die Querbahnsteighalle in Leipzig ergaben sich unmittelbar aus den konkreten praktischen Erfordernissen. 1910 konnte der Vorstand des Deutschen Beton-Vereins feststellen:

Die Theorie steht heute, mag sie auch dunkle Punkte noch enthalten, auf dem sicheren Boden der versuchstechnischen Erforschung.[60]

Die Versuche an dem originalgroßen Probebinder für die Querbahnsteighalle in Leipzig wurden in einer Kiesgrube der Firma »Dyckerhoff & Widmann« im bei Dresden liegenden Cossebaude durchgeführt. Das Gewicht, welches auf den Binder aufgebracht wurde, entsprach etwa dem 1,5fachen der tatsächlich in Betracht kommenden Belastung. Gemessen wurden die Durchbiegung, die Auflagerverschiebung* und -verdrehung* sowie die Spannungen im Stahl und im Beton.

Im Materialprüfamt Groß-Lichterfelde (Berlin) wurden Versuche zur Ausführung des Rollenlagers* und an Harthölzern für die einstweiligen Widerlager der Abschlußbögen durchgeführt.

Den Auflagern der Soffitten- und Zwischenbinder wurde besondere Aufmerksamkeit geschenkt. Die festen sind Stahlbetonquader mit Bleieinlagen und liegen auf den Pfeilern der Längswand. Die beweglichen, für die gewalzte Rollen zum Einsatz kommen, wurden auf der Rückwand des Empfangsgebäudes angeordnet. Winddruck und den in Versuchen erkannten Schub der gekrümmten Balken von jeweils 2,6 t nimmt ein aus schrägen Stahlbetonstreben gebildetes Windstockwerk auf.

Die gewaltigen Bögen der Längswand, die den Übergang von der massiven Querhalle zu den Längshallen bilden, führte man wegen des ungünstigen Baugrundes wie die anschließende Stahlkonstruktion der Schiffe der Bahnsteighalle als Dreigelenkbögen* aus. Von den sieben Pfeilern wurden fünf auf Stampfbetonfundamenten gegründet, deren Sohle zwischen 6 und 7 m tief auf tragfähigem Baugrund liegt. Kellereinbauten (u. a. ein U-Bahntunnel) erforderten die Gründung zweier Pfeiler auf schlankeren Stahlbetonfundamenten.

Der Pfeiler unmittelbar neben dem U-Bahn-Tunnel mußte bis auf dessen Gründungssohle (ca. 10 m) hinabgeführt werden. Mit Rücksicht auf den Platzbedarf für die Zufahrten der Gepäckbahnsteige konnte kein Gruppenpfeiler* ausgeführt werden. Bei den Luftangriffen auf Leipzig in den Jahren 1943/44 wurde die Querbahnsteighalle völlig zerstört. Der Einsturz eines einzigen Bogens reichte aus, das System aus dem Gleichgewicht zu bringen. Ein Gruppenpfeiler, der den plötzlich auftretenden Schub hätte aufnehmen können, wäre ausreichend gewesen, das kartenhausähnliche Zusammenstürzen der gesamten Halle zu verhindern und den Schaden auf wenige Felder zu begrenzen.

Um die Standsicherheit des Bauwerkes während der Bauphase zu gewährleisten, erhielten die Pfeiler die bereits erwähnten provisorischen Widerlager. Diese wurden zum Teil aus Hartholz oder aus Stahl hergestellt und mußten einen Strebendruck von über 1200 t standhalten. So konnte der zwangsläufig auftretende einseitige Schub aufgefangen werden.

Provisorisches Widerlager für Pfeiler der Abschlußbogenbinder, etwa 1910/11

Die Ausnahme bildete hier wieder der schon erwähnte schmale Pfeiler. Da gleichzeitig am Untergrundtunnel gearbeitet wurde, war die Errichtung provisorischer Widerlager nicht möglich. Der einseitige Bogenschub konnte hier nur durch eine biegesteife Bewehrung kompensiert werden.

Die Gründung der Pfeiler für die Querbahnsteigdecke erfolgte wie beim Empfangsgebäude auf Betonpfählen. Den oberen Abschluß bildeten ein zweischaliges Dach mit Oberlichtkonstruktion. Die Unterschale, eine Zierdecke mit kassettenartiger Gliederung, wurde fabrikmäßig hergestellt. Man verwendete also vorgefertigte Stahlbetonkassettenplatten, deren Dicke in der Mitte 2,5 cm betrug. Im Auflagerbereich hatten die 1,75 x 1,75 m großen Platten eine Dicke von 8,5 cm. Bei der Montage auf der Baustelle konnte durch die Vorfertigung auf die teure Holzschalung und Einrüstung verzichtet werden.

Die obere Dachdecke wurde als monolithische Stahlbetondecke ausgeführt. Die Dicke der Platte betrug nur 4,5 cm. Hier wurde die rasche Entwicklung im Stahlbetonbau besonders deutlich. Die preußischen Stahlbetonbestimmungen von 1907 legten für Dachdecken noch eine Mindestdicke von 8 cm fest. Gehlers kühner Vorschlag der Verringerung der Mindestdicke auf 4,5 cm, die weit über die Forderung anderer Stahlbetonfachleute hinausging, ermöglichte eine Betoneinsparung von etwa 28 t pro Binderfeld.

Querbahnsteighalle, II. Bauabschnitt, 1913

Der technische Fortschritt zeigte sich auch in einer völlig neuen Qualität des technologischen Ablaufs der Arbeiten. Die Unterteilung in drei Bauabschnitte war allerdings an den Abbruch der einzelnen Vorgängerbahnhöfe gebunden. Dabei umfaßte der erste Bauabschnitt drei, der zweite eine und der dritte zwei Bogenstellungen der Längswand zu den Bahnsteighallen. Nur Streiks der Arbeiter um mehr Lohn und bessere Arbeitsbedingungen sowie der Kriegsausbruch verzögerten den Termin der Fertigstellung.

Die Ausführung der Betonierungsarbeiten der Abschlußbinder verlief analog zu der der großen Bogenbrücken. Nachdem

Schalung eines Soffittenbinders mit ersten »Eiseneinlagen«

der Beton der Pfeiler erhärtet und das Wölbgerüst aufgestellt war, wurden die Bögen betoniert. Das Stampfen eines Abschlußbogenbinders dauerte bei ununterbrochener Arbeit fünf Tage. Die größte tägliche Arbeitsleistung betrug 50 m^3. Das Einbringen des Stampfbetons der Haupt- und Zwischenbinder brachte größere Probleme. Durch die sehr vielen und eng verlegten Stahleinlagen mußte der Beton ziemlich dünnflüssig sein, um alle Hohlräume ausfüllen zu können. Für die 75 m^3 Beton der Zwischenbinder benötigte man 45 Stunden, das Betonieren und Einbringen der 170 m^3 für einen Hauptbinder dauerte vier Tage.[61] Obwohl wegen des geringen Platzes beim Betonieren nicht viele Arbeitskräfte eingesetzt werden konnten, wurde eine enorme Arbeitsleistung erreicht. Infolge der starken Gliederung der Seitenschalung der Haupt- und Zwischenbinder wurde diese auf dem Werkplatz gefertigt und aus einzelnen Segmenten errichtet.

Aus einer am 25. Januar 1914 in den Leipziger Neuesten Nachrichten abgedruckten Statistik geht hervor, welche großen Mengen an Baumaterialien der Bahnhofsbau verschlang. So benötigte man für die Querbahnsteighalle im II. Bauabschnitt, bei dem nur ein Bogen errichtet wurde:

1. 670 m^3 Stampfbeton mit Eiseneinlagen für Fundamente, den Pfeiler 4, Widerlager,
2. 1880 m^3 Eisenbeton für das Dreigelenkgewölbe des Abschlußbinders 4 einschließlich der Gelenke, Abschlußwände, Soffittenbinder, vier Zwischenbinder, Rippen und Kassetten der Tonnenform, Dachhaut, Windstreben, Hofwand über dem Wartesaal, 450 m^2 Etagendecken,
3. 2750 m^2 Anstrichstoffe.

Die Arbeiten am 4. Hallenfeld dauerten vom 17. Juli 1912 bis zum 28. August 1913 und nahmen 300 Arbeitstage in Anspruch. Verbaut wurden in diesem Zeitraum auch: 1500 m^3 Sand aus Naunhof, 1500 m^3 Klarschlag aus Grimma, 275 m^3 bayrischer Dolomitgrus aus Rupprechtstegen, 600 m^3 serbisch-böhmischer Portlandzement, 50000 kg Stahl mit 50 mm Durchmesser, 120000 kg Handelsflußeisen in verschiedenen Stärken, 30000 kg Profileisen für Dachpfetten, 1300 m^3 Holz für Rüstungen.

Die schnelle Fertigstellung des Hauptbahnhofes erreichte man durch eine konsequente Mechanisierung der Baustellenprozesse. So wurden die Lehrgerüste mit Hilfe eines Turmdrehkranes errichtet, der Beton gelangte mit Aufzügen auf das Fördergerüst. Das Biegen der Bewehrung erfolgte mit sogenannten Radreifen-Biegemaschinen und damit nach Aussagen Gehlers zum erstenmal auf maschinelle Weise. Zunächst von Hand betrieben, wurde später ein Benzinmotor eingesetzt, zu dessen Bedienung nur noch ein Arbeiter erforderlich war. Die gesamten Ansichtsflächen der Halle, die aus Dolimit-Vorsatzbeton bestehen, bearbeitete man mit Luftdruckhämmern. Die Fertigung der Betonplatten erfolgte auf hydraulischen Pressen.

Zur Herstellung der »eisernen Tragwerke« für die *Längsbahnsteighallen* wurde im Dezember 1909 ein öffentlicher Wettbewerb ausgeschrieben. Die Stahlkonstruktion der Bahnsteighallen sollte direkt an die Querhalle anschließen. 25 deutsche Stahlbaufirmen reichten Vorschläge ein. Den Auftrag, der auf dem Entwurf der Ingenieure Eilers und Karig basierte, erhielt die »Firma Louis Eilers« aus Hannover-Herrenhausen, die das kostengünstigste Angebot gemacht hatte und schließlich insgesamt 4800 t Stahl verbaute.[62]

Die Spannweite der Hauptbinder der achtschiffigen Halle beträgt maximal 45 m. Die als durchlaufende Bogenreihe erscheinenden Binder sind durch Scheitel-* und zum Teil hochliegende Zwischengelenke als Dreigelenkbogen ausgeführt.

Die Längsbahnsteighallen sind 203,9 m lang und werden durch fünfzehn jeweils 13,65 m voneinander entfernt stehende Regelbinder gebildet. Die Stahlkonstruktion ist durch Fachwerkpfetten* ausgesteift.

Damit wurde eine Konstruktion gewählt, die sich zwar bei zahlreichen weitgespannten Hallen bewährt hatte, jedoch keineswegs den technischen Höchststand repräsentierte. Längst war man bei anderen Bauten zu effektiveren Vollwandbindern übergegangen.

Die äußeren seitlichen Abschlußwände der Hallen wurden als einfache Fensterwände mit kräftig hervortretenden Haupt- und Zwischenpfosten ausgebildet, die auf den Sandsteinbrüstungen der Umfassungsmauern stehen.

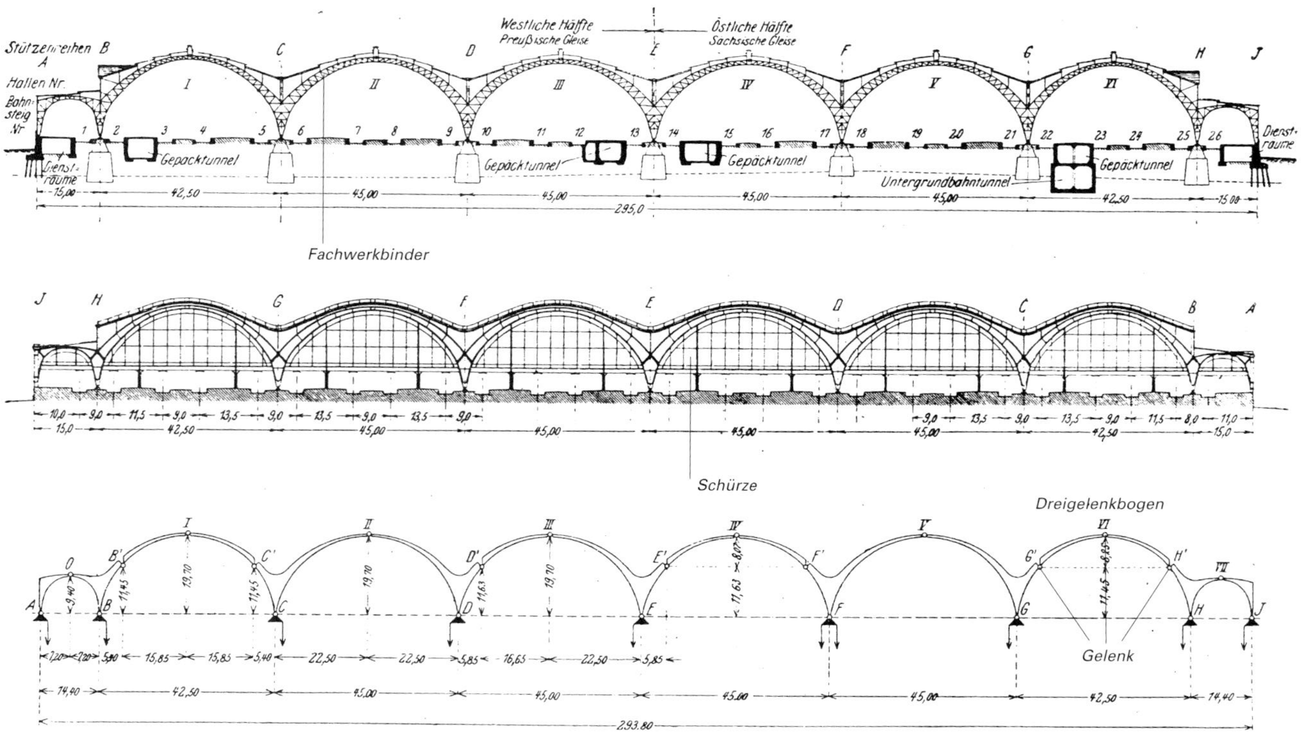

Querschnitt durch ein Regelfeld (oben), Ansicht der Schürze am Ende der Bahnsteighalle (Mitte), Anordnung der Gelenke nach der Verankerung (unten)

Den hinteren Abschluß bilden Schürzen*, die man als selbständige Wände mit lotrechter Fensterteilung gestaltete. Die Eindeckung der Hallen erfolgte durch Dachpappe auf 2,5 cm dicker Schalung aus schwedischer Fichte, die wiederum auf kiefernen Sparren befestigt war. Durch langdurchlaufende, flachliegende Oberlichtflächen mit kittloser Verglasung erfolgt die Belichtung, lotrechte Lüftungsstreifen und ein durchlaufender Lüftungsaufsatz gewährleisten die Entlüftung.

Die Hallenbinder stehen zum Teil auf Fundamenten, die in die Umfassungsmauern der Seitenflügel und der Räume unter den Randbahnsteigen beziehungsweise in das Mauerwerk der Quertunnel eingebaut wurden. Der größte Teil ist jedoch auf selbständigen Mauerkörpern aufgesetzt, die in den tragfähigen Boden einbinden. Die ursprüngliche Überlegung, vor allem im westlichen Bereich wegen der sehr tief liegenden tragfähigen Schichten und des hohen Grundwasserspiegels die deutlich kostengünstigeren Pfahlgründungen auszuführen, wurde »mit Rücksicht auf die höhere Standsicherheit angesichts der stellenweise sehr erheblichen waagerechten Kräfte«[63] nicht ausgeführt. Die Fundamentierung erfolgte 8 m unter der Straßenoberfläche durch Senkbrunnen*.

Bereits im November 1910 konnte die »Firma Eilers« auf Grund der Rationalisierung der Herstellungsarbeiten mit der Bauausführung beginnen. Im Juli 1915 war das gesamte Tragwerk, das 60000 m^2 überdeckte, mit einem Kostenaufwand von 2 Millionen Mark vollendet. Dabei stellte man die einzelnen Teile der Stahlkonstruktion im Werk her, baute sie dem jeweiligen Bedarf auf der Baustelle entsprechend zusammen und brachte sie ohne Zwischenlagerung zum Bauplatz. Vor Ort wurden dann die Binder mit Hilfe eines zweiteiligen, drehbaren, auf Schienen laufenden und mit Kränen ausgestatteten Gerüsts emporgehoben und montiert.

Neben der ersten Hälfte des Empfangsgebäudes, der Querbahnsteighalle und einiger Längsbahnsteighallen wurden im Bauabschnitt II noch eine Reihe weiterer für den Bahnbetrieb notwendiger Anlagen fertiggestellt beziehungsweise begonnen, wobei es auch zur Verlagerung von Verkehrsanschlüssen kam:

1. Oktober 1907:
Verlegung des Leipzig-Magdeburger Verkehrs zum Berliner Bahnhof;

15. Oktober 1907:
Umleitung der Thüringer Linie zum Magdeburger Bahnhof, der fortan als »Provisorischer Thüringer Bahnhof« bezeichnet wurde;

30. Oktober 1907:
Schließung des Thüringer Bahnhofs;

April 1908:
Übergabe des neuen Empfangsgüterschuppens;

1. Juni 1908:
Versandgüterschuppen in Betrieb genommen;

Frühjahr 1910:
Beginn der Arbeiten an den Bahnsteighallen;

Ende 1910:
Inbetriebnahme der Betriebswagenwerkstatt;

30. April 1912:
Fertigstellung der ersten Hälfte des Hauptbahnhofs;

Planmäßig zum 1. Mai 1912 konnte der preußische Westteil des Bahnhofes mit zu diesem Zeitpunkt vier Längsbahnsteigen und sechs Gleisen eingeweiht werden. In den Morgenstunden drängten sich Neugierige und »Auserlesene«, die zu den Feierlichkeiten geladen waren, um dem Festakt im Bahnhofsrestaurant beizuwohnen. Gegen 16.00 Uhr verließ der erste Zug der anfangs in Richtung Corbetha (heute Großkorbetha) und Zeitz verkehrenden Thüringer Linie die neuen Anlagen. Vier Stunden vorher war noch einmal eine Bahn vom provisorischen Thüringer Bahnhof abgefahren, der den Betrieb mit der letzten Ankunft eines Zuges schließlich um 13.00 Uhr einstellte. Mit dem unverzüglich beginnenden Abbruch des alten Magdeburger Bahnhofs trat der Bauablauf in die nächste Phase ein.

Blick auf den Hauptbahnhof während seiner Errichtung. Die preußische Hälfte ist fertiggestellt, der II. Bauabschnitt begonnen, der Dresdner Bahnhof (rechts) noch nicht abgebrochen

Mehrfach beschäftigten sich im Jahr 1912 die Leipziger Neuesten Nachrichten mit dem gerade eröffneten Teil des neuen Hauptbahnhofes. Am 16. Juli vermeldeten sie, daß der Ferienreiseverkehr die Öffnung von zusätzlichen provisorischen Fahrkartenschaltern erforderlich gemacht habe. Am 3. Oktober konnte man erfahren, daß mittlerweile täglich 122 einfahrende und 119 ausfahrende Züge zu zählen waren. Angesichts der zu diesem Zeitpunkt noch wenig vorhandenen Bahnsteige und aufgrund der dauernd nötig werden Verkehrsumstellungen kam es zu Verspätungen bis zu einer Stunde. Zur Weihnachtszeit wurden insgesamt 70 Sonderzüge eingesetzt. Mit der Öffnung von fünfzehn Fahrkartenschaltern, von denen sieben bereits über Fahrkartendruckmaschinen verfügten, und der Einrichtung von zwei Aushilfsschaltern versuchte man, dem Strom der Reisenden beizukommen.

Zu den Bauten, die im Rahmen des Bauabschnittes II errichtet wurden, zählen weiterhin zahlreiche Unter- beziehungsweise Überführungen der Gleisanlagen. Besonders zu nennen ist die imposante *Brücke*, die die 18 m breite *Brandenburger Straße* über die sächsischen Hauptgleise und die Verbindungsgleise zum Postbahnhof führt. Mit ihr konnte die Trennung der zu beiden Teilen des Bahngeländes gelegenen Stadtteile überwunden und die Zufahrt zum neuerbauten Postbahnhof hergestellt werden.

Die auf Kosten der Stadt errichtete 140 m lange Brücke entstand in knapp 3 Jahren. Die Übergabe an den Verkehr fand am 1. April 1910 statt. Über 1000 t Stahl wurden verbaut. Nach Zusammenstellung aller Kosten stand über eine halbe Million Mark zu Buche.

Dem Wunsch der städtischen Verwaltung entsprechend, erhielt das Bauwerk eine architektonisch wirkungsvolle Gestaltung. Es weist zwei unterschiedliche Öffnungen auf – eine große, fast 87 m weite sowie eine durch eine Säulenreihe in zwei Felder von 18 und 23 m Stützweite geteilte kleine.

Der Hauptträger der weiten Öffnung ist als Bogenträger ausgebildet. Ein in Straßenhöhe liegendes Zugband nimmt die waagerechten Kräfte, die sonst auf die Pfeiler wirken würden, auf. Die Stahlkonstruktion erhielt, um sich von der Sandsteinverkleidung der aus Bruchsteinen gemauerten Widerlager abzuheben, einen »schokoladenbraunen« Anstrich. Das Tragwerk der Überbrückung der kleinen Öffnung liegt dagegen unterhalb der Fahrbahn und tritt somit nicht in Erscheinung.

Auch hier mußten erhebliche Gründungsarbeiten, 6–9 m tief auf tragfähigen Baugrund, durchgeführt werden. Die Brückenkonstruktion selbst wurde mit Hilfe eines Hebekrans sowie eines Montagegerüsts zusammengebaut und vernietet. Als am 26. und 27. November 1909 der 700 t schwere Überbau mit Hilfe von hydraulischen Pressen wechselseitig um jeweils ca. 30 cm abgesenkt werden sollte, erwiesen sich die für 200 t ausgelegten Pressen als zu schwach. Erst unter Zuhilfenahme zusätzlicher Pressen gelang es kurz vor Weihnachten, die Brückenkonstruktion auf die Pfeiler aufzusetzen.

Im Bauabschnitt II wurde auch der völlig neu errichtete *Postgüterbahnhof* fertiggestellt. Die beispielsweise im Jahre 1902 umgeschlagenen 28 Millionen Paketsendungen konnten nicht im neuen Hauptbahnhof bewältigt werden. Nach den Aufzeichnungen der Deutschen Reichspostverwaltung lag das Leipziger Postpaketverkehrsaufkommen unmittelbar hinter dem von Berlin und übertraf das von Hamburg um fast das Doppelte. Hinzu kam infolge der günstigen Lage der Messestadt inmitten des deutschen und österreichischen Postgebietes das ständige Anwachsen des Durchgangsverkehrs, der im Jahr 1911 schon 100.000 Pakete pro Tag überschritt.

Eisenbetonpfahlgründung am Postgüterbahnhof

Auch die Reichspostverwaltung hatte großes Interesse daran, den bisher dezentralen Paketverkehr in einem außerhalb des eigentlichen Eisenbahnbetriebs gelegenen Gebiet zusammenzufassen. Deshalb sah man direkt im Bahnhofsbereich nur Anlagen für den Eilbriefverkehr, für Zeitungen und dringende Paketsendungen vor.

Das geeignete Gelände für den Postbahnhof fand man im Gebiet der früheren Parthewiesen an der Rohrteichstraße. Durch umfangreiche Aufschüttungen wurde ein Bauplatz von ca. 73450 m^2 geschaffen, wobei allerdings ähnliche Gründungsprobleme auftraten wie beim Hauptbahnhofgebäude.

Der Postbahnhof ist ebenfalls als Kopfbahnhof ausgebildet und war zu seiner Entstehungszeit der größte seiner Art weltweit. An das 200 m lange Hauptgebäude, in dem die Paketannahme mit einer Paketkammer von 3300 m^2 sowie Verwaltungsräume untergebracht sind, schließt sich ein 180 m langer und 8 m breiter Querbahnsteig an. Von diesem gehen fächerförmig 29 Gleise (17 preußische, 12 sächsische) auf 16 Bahnsteigen ab, die von acht bogenförmigen Stahlkonstruktionen mit Stützweiten von 17 bis 24 m auf einer Länge von 50 m überdacht sind.

Die Gleise beider Bahnhöfe sind unmittelbar miteinander verbunden und ermöglichen eine direkte Überführung der Postwagen, die in der Regel von den meisten Zügen mitgeführt wurden. Das Rangieren und Abfertigen erfolgte nach einem Fahrplan analog dem der Züge auf dem Hauptbahnhof. 100 Wagen konnten gleichzeitig abgefertigt werden, die durch Verkehrstunnel zum Postbahnhof gebracht wurden.

Es war zwar notwendig, aber mutet doch kurios an, daß man südlich des Hauptgebäudes ein kleines, als »Beutelwerk« bezeichnetes Gebäude errichtete. Dort entstaubte man Postsäcke in sogenannten Sackschüttelmaschinen, »als dann in besonderen Waschmaschinen gewaschen sowie gespült und in einem mit heißer Luft beschickten Trockenapparat getrocknet« und »schadhafte Stücke [...] auf elektrisch betriebenen Stopfmaschinen wieder ausgebessert«[64] wurden. Die tägliche Leistung lag bei 15000 Stück.

Sämtliche Gebäude des Postgüterbahnhofes wurden in Ziegelbau mit Rauhputz im Landhausstil ausgeführt. 4,2 Millionen

Mark mußten für die Errichtung insgesamt aufgebracht werden.

Gleichfalls auf eigene Kosten, die schließlich ungefähr 1,6 Millionen Mark betrugen, ließ die Reichspostverwaltung an der Brandenburger Straße ein neues an der Straßenseite mit Elbsandstein verkleidetes Postgebäude erstehen. Das Bauwerk verfügte über die erforderlichen Diensträume für das Briefpostamt, eine »Bahnpostamt-Zentralstelle für den Postdienst in den fahrenden Zügen eines bestimmten Bahnbereichs« sowie im vierten Geschoß Wohnungen für die Vorsteher beider Ämter.

Eine zusätzliche unmittelbare Verbindung zwischen dem Postgüterbahnhof und dem Briefpostamt mit dem Hauptbahnhofsgelände entstand durch Bau von mehreren *Tunnelanlagen.* Bereits 1908/09 schloß man mit dem *Verkehrstunnel I* die Postbahnhöfe und die sächsischen Übergabegleise an die Thüringer Hauptgleise sowie den preußischen Eilgutbahnhof direkt an.

Die Vollendung des *Verkehrstunnels II* verzögerte sich vor allem durch die Kriegsereignisse. Erst zwischen 1914 und 1917 konnte die Verbindung des Postbahnhofes und der sächsischen Übergabegleise mit den preußischen Bahngleisen der Eilenburger, Magdeburger und Berliner Richtung hergestellt werden.

Die Gesamtlänge des Verkehrstunnels I beträgt einschließlich der Rampen rund 562 m, wovon auf den eigentlichen Tunnel 207 m entfallen. Die Sohle liegt ca. 6 m unter der Erdoberfläche. Der Verkehrstunnel II kommt auf 536 m, wobei die Untertunnelung 168 m einnimmt. Seine Sohle liegt auf der durch mehrjährigen Zugverkehr gut verdichteten Aufschüttung des Bahnhofsgeländes. Zu seiner Herstellung wurden Beton, Mauerwerk und Stahlträger verwendet, die beidseitige Abdichtung gegen Feuchtigkeit erfolgte mit Anstrichen und mehrlagigen Asphaltpappen. Weitaus schwieriger als beim Verkehrstunnel I gestaltete sich der Bauablauf, da er bei vollem Eisenbahnbetrieb vorgenommen werden mußte. Die Fertigstellung beider Anlagen kostete 1,35 Millionen Mark.

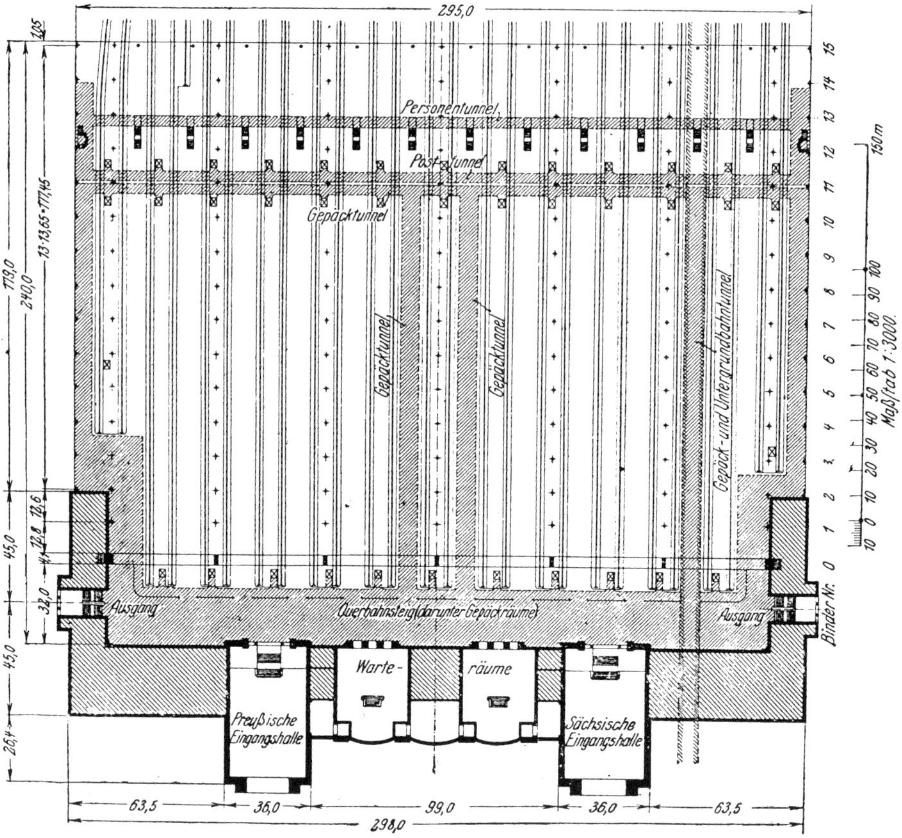

Tunnelanlagen im Bahnhofsbereich

Eine unmittelbare Verbindung zwischen dem sächsischen und preußischen Eilgüterschuppen wurde mit dem rund 310 m langen *Eilgütertunnel* geschaffen. Er gestattete den sonst nur sehr umständlich durchführbaren Eilgütertransport zwischen den Abfertigungsanlagen beider Eisenbahnverwaltungen. Bei einer täglichen Förderleistung von 130 t wurden 1 t fassende Gepäckkarren auf zwei Gleisen durch den 4,5 m breiten und 2,7 m hohen Tunnel mit Hilfe eines endlosen Seils bewegt und an den Tunnelenden durch elektrische Aufzüge nach oben befördert. Für die Gründung des Tunnelkörpers setzte man die schon erwähnten Stahlbetonpfähle der Bauart Strauß ein, die

Belastungen bis 25 t aufnehmen konnten. Die Decke wurde mit einer Bleiplattensperrung und wie die Seitenwände mit bituminösen Anstrichen gegen Feuchtigkeit abgedichtet. Das nach etwas mehr als einem Jahr Bauzeit 1910 fertiggestellte Bauwerk kostete nicht ganz 90.000 Mark.

Die für die Bahnsteigkanten festgesetzten Höhenverhältnisse im Hauptbahnhof ermöglichten es, im Erdgeschoß des Empfangsgebäudes und unter dem Querbahnsteig die Gepäckabfertigungs- und Lagerräume unterzubringen und sie durch Tunnel- und Aufzugsanlagen in zweckmäßiger sowie baulich einfacher Weise mit den Gepäckbahnsteigen zu verbinden. So liegen unter den Personenbahnsteigen 12/13 (preußisch) und 14/15 (sächsisch) zwei Längstunnel, die an der Abschlußmauer des Querbahnsteiges beginnen und nach etwa 155 m in einem Gepäcktunnel enden. Ein weiterer Längstunnel befindet sich unter dem Bahnsteig 22/23. Zusätzliche Stichtunnel, die von den vorgenannten abgehen, vereinfachen auch heute den Gepäcktransport.

Unmittelbar neben dem im nördlichen Teil der Bahnsteiganlagen vorhandenen Quertunnel wurde ein weiterer unterirdischer Weg für die Reichspostverwaltung geschaffen. Dieser erhielt Anbindung an den 160 m langen, unter den sächsischen Gütergleisen zum neu errichteten Briefpostamt an der Brandenburger Straße führenden Tunnel und ermöglichte somit den schnellen Austausch von Briefsendungen, Zeitungen und dringenden Paketen. Die Verbindung zu den Gepäckbahnsteigen und dem Gepäckquertunnel sowie dem eben genannten Posttunnel ist durch Aufzugsanlagen gesichert.

Ein Personentunnel am hinteren Ende der Längsbahnsteige schließlich ermöglicht es den Reisenden, auf kurzem Wege Anschlußzüge zu erreichen.

Von den insgesamt 26 *Stellwerken* im sächsischen und preußischen Bereich der Bahnanlagen verdient es das preußische Stellwerk W–O, näher betrachtet zu werden.

Entgegen den anderen architektonisch nicht befriedigenden, zum Teil im Landhausstil errichteten derartigen Gebäuden, stand dieses brückenartige Bauwerk – im Volksmund auch der »Zerberus von Leipzig« genannt – quer über den Gleisen und

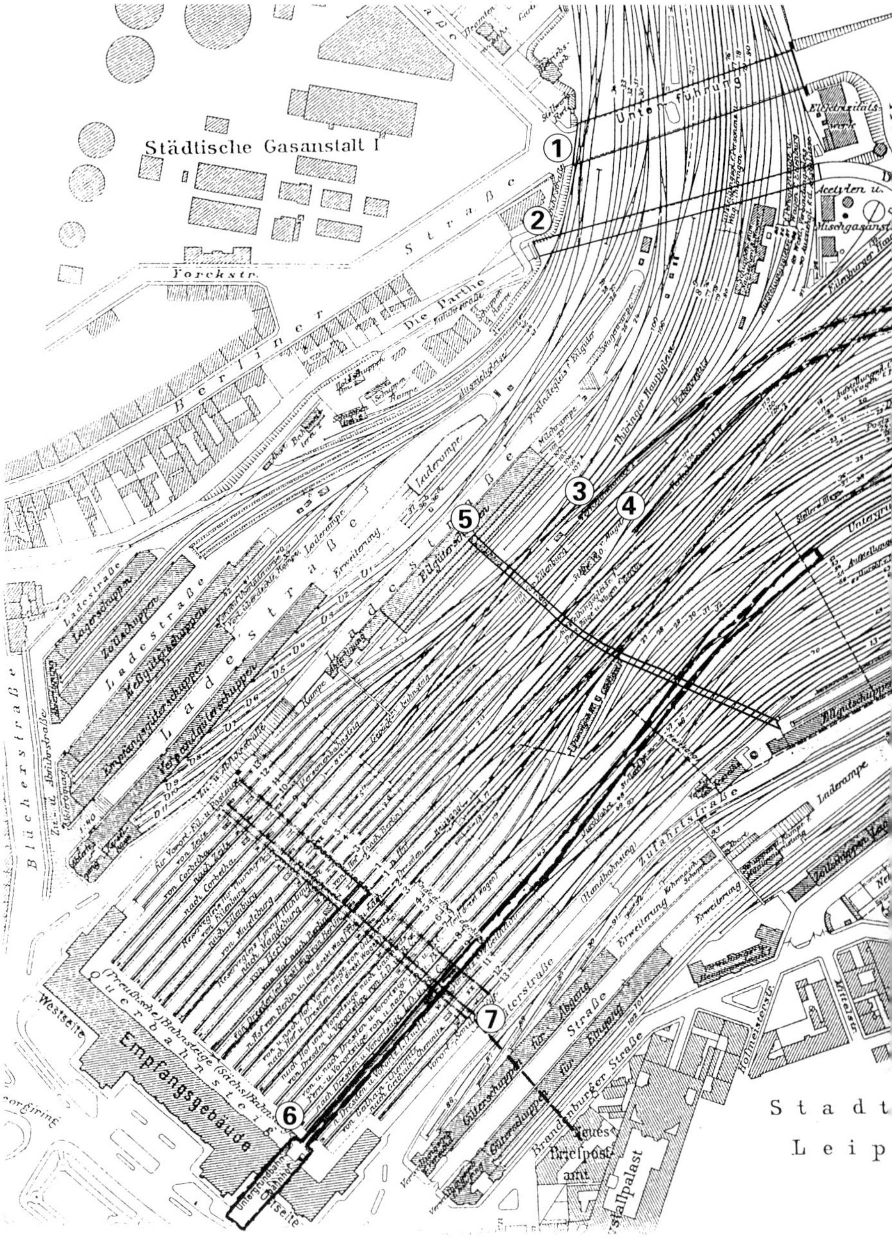

Lageplan der Tunnel und Brücken im Bereich des Hauptbahnhofes: Unterführung Berliner Straße (1), neues Parthebett (2), Verkehrstunnel I (3) und

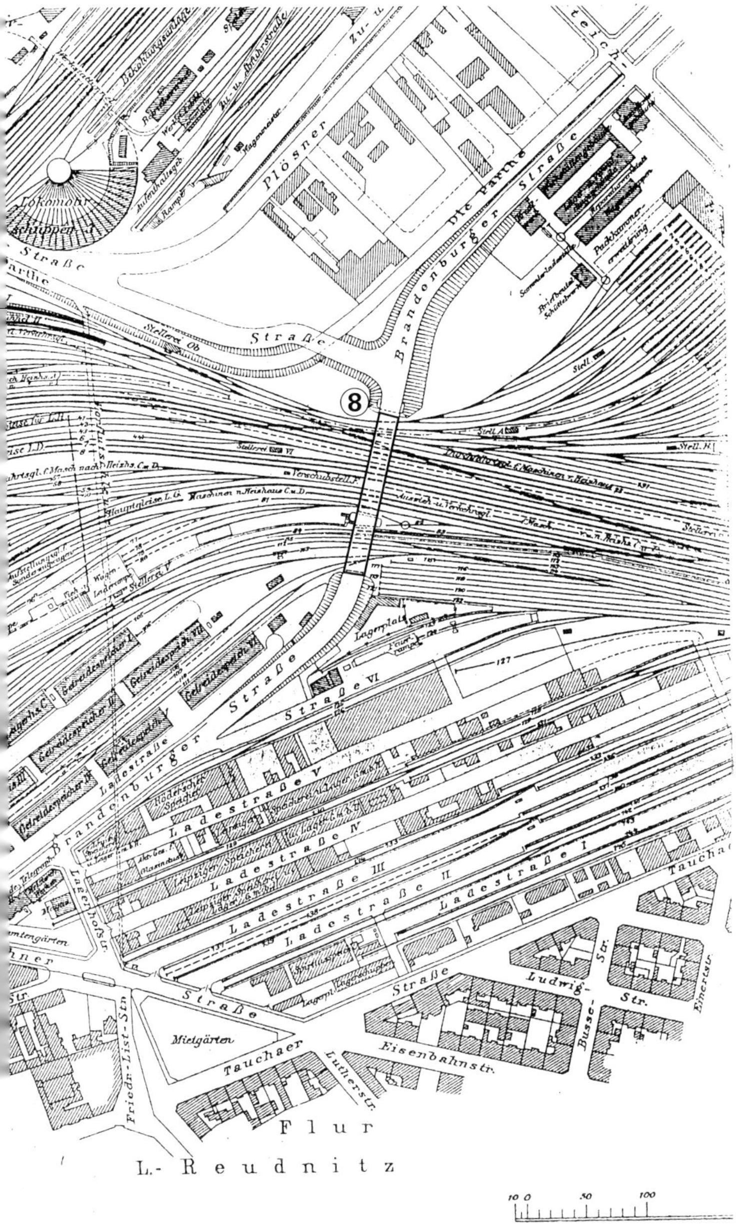

II (4), Eilgutunterführung (5), U-Bahntunnel (6), Posttunnel (7), Brandenburger Brücke (8)

schaffte einen klaren Überblick über die Weichenanlagen und Signale. Von dem elektrisch betriebenen Behelfsstellwerk aus wurden alle ein- und ausfahrenden Züge sowie die Rangierfahrten geregelt.

Die 27,50 m lichte Weite über den Gleisen überbrückte man mit vollwandigen Balkenträgern. Das Stellwerk gehörte somit zu den am weitesten gespannten Stahlbetonbauten, die in glei-

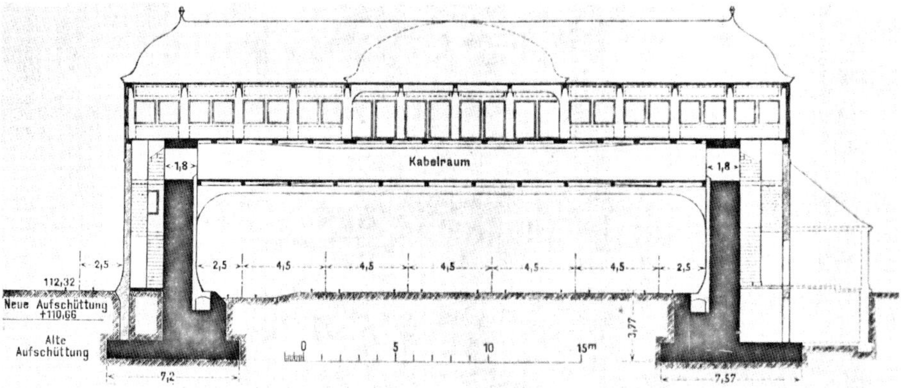

Stellwerk B 3

cher oder ähnlicher Weise bis zu diesem Zeitpunkt errichtet worden waren. »[...] um den Fußboden nicht zu stark mit Eisen bewehren zu müssen«, wurden die »sehr schweren elektrischen Block- und Weichenschalterkasten« teilweise über Hängestangen an der Decke befestigt.[65] Pro Tag bedienten 12 Assistenten, 8 Telegraphisten, 6 Weichensteller erster Klasse, 3 Telephonisten und 6 Hilfsweichensteller die 60 Signale und 90 Weichen.

In den dreißiger Jahren mußte das Gebäude aus verkehrstechnischen Gründen und auch entsprechend der technischen Weiterentwicklung weichen und wurde abgerissen.

Schwerpunkt des *Bauabschnittes III* war die Fertigstellung des Empfangsgebäudes, des Querbahnsteiges sowie der Bahnsteighallen auf der sächsischen Seite. Bauberichte aus Leipziger Tageszeitungen lassen die Dimensionen der umfangreichen Arbeiten erahnen:

Beginn der Abbrucharbeiten am Dresdner Bahnhof

Am 1. Oktober 1910 melden die Leipziger Neuesten Nachrichten, daß auf dem an der Westseite bis zum obersten Stockwerk hochgeführten Viertel die Dachgebälke aufgestellt würden, womit »die gegenwärtig wuchtig wirkenden Konturen bewegter gestaltet werden«. Auch im zweiten Viertel bis zum Thüringer Bahnhof wüchsen die Mauern stetig. An den Zementkonstruktionen für die Bahnhofshallen würde gearbeitet. Für die umfangreichen Baumaßnahmen sei eine großflächige Lagerung von Baumaterialien, besonders von Sandstein notwendig. Die im Zuge des Bahnhofsbaues erweiterte Blücherstraße zeige sich nun in imposanter Breite vom Hotel »Sedan« bis zum Hotel »du Nord«.

Am 29. März 1911 ist zu lesen:

Unter den öffentlichen Bauten nimmt nach wie vor die erste Stelle unser Leipziger Bahnhofsbau ein, unzweifelhaft wohl der hervorragendste Bau unserer Zeit überhaupt. Der äußerste Westflügel des Empfangsgebäudes hat sich nach der Entfernung des Baugerüstes prächtig präsentiert. Der Teil des Gebäudes, der den Haupteingang zur preußischen Seite aufnimmt, ist ziemlich bis zur Dachhöhe aufgerichtet. Und mit den Ausschachtungsarbeiten des Vorplatzes konnte begonnen werden«.

Am 7. März 1913 berichten die Leipziger Neuesten Nachrichten, daß besonderes Treiben in dem Raum herrsche, über dem sich später die Decke des Querbahnsteiges der vierten Halle erheben solle. Beschrieben wird der Wald von Brettern und Balken, die als Rüstung und Schalung für die auszuführende Eisenbetonkonstruktion der Zwischenbinder dienten. Die gewaltigen Bretterbögen spannten von den Betonabschlußbindern der Längsbahnsteige bis zum Empfangsgebäude.

Am 16. April des gleichen Jahres wird gemeldet, daß vom ehemaligen Dresdner Bahnhof nur noch Mauerreste sichtbar seien. Mit dem Schutt würden ganze Güterzüge beladen.

Zwei Monate später wird über die Schwierigkeiten mit den Baugrundverhältnissen im Bereich des 5. Pfeilers der Querbahnsteighalle berichtet, welche eine Baugrube mit Spundwänden nötig machten, die mit einer Dampframme eingeschlagen werden müßten. Diese Arbeiten verursachten einen zusätzlichen Holzverbrauch von 35 m^3 und 10000 Mark Mehrkosten.

Am 10. August 1913 waren die Gründungsarbeiten für das sächsische Empfangsgebäude beendet. Das Mauerwerk verdeckte an den Quer- und Längsbahnsteigen schon einen Teil des Baugeländes. Der schnelle Baufortschritt war auf die Verwendung großer Sandsteinblöcke zurückzuführen.

Sechzehn Tage später melden die Leipziger Neuesten Nachrichten, daß die Gründungsarbeiten für die 5. Längshalle begonnen hätten. 15 Betonfundamente mit einer Größe von 4,5×5×3,5 m seien notwendig. Zugleich müßten bei komplizierten Arbeiten am Pfeiler 5 drei Pumpen eingesetzt werden, um den täglichen Grundwasseranfall von 12000 m^3 zurückzuhalten.

Mit der Fertigstellung des letzten Teils des im Dezember 1915 vollendeten Hauptbahnhofes wurde zugleich der Bau für eine innerhalb des Bahnhofsgeländes liegende *Untergrundbahn* abgeschlossen. Sie sollte den Hauptbahnhof mit dem Bayrischen Bahnhof und die im Osten gelegenen Stadtgebiete und Vororte mit denen im Süden verbinden.

Bei den Planungen für den Hauptbahnhof, die 1901 großenteils abgeschlossen waren, stand die Frage einer Untergrundbahn nicht auf der Tagesordnung. Vielmehr sollten die Vorortzüge aus Richtung Dresden auf dem neuen Hauptbahnhof und aus Richtung Hof auf dem zu diesem Zweck beibehaltenen Bayrischen Bahnhof enden.

Die enorme Zunahme der Bevölkerungszahl Leipzigs, die auch durch die Eingemeindung weiterer Vororte von 461700 im Jahr 1901 auf 615800 im Jahr 1913 gewachsen war, sowie die starke Zunahme des Verkehrs zwischen den östlichen und südlichen Stadtteilen ließ die Erkenntnis reifen, daß diese Gebiete durch eine besondere Bahnanlage verbunden werden müßten. Auf ihr sollten elektrisch betriebene Vorortzüge verkehren. Deshalb erarbeitete man 1913 ein Projekt, das zwischen dem Bayrischen Bahnhof und dem Hauptbahnhof eine Untergrundbahn vorsah:

Dem Entwurf entsprechend sollen die Vorortgleise der Richtung Hof-Leipzig innerhalb des jetzigen Bayerischen Bahnhofes so gesenkt werden, daß der sie aufnehmende Tunnel unter das Pflaster des an den Bahnhof anschließenden Bayerischen Platz zu liegen kommt. Die Bahn soll dann unter Pflaster durch die Stadt weiter verlaufen und an den von ihr berührten verkehrsreichsten Punkten, so insbesondere am Augustusplatz, mit Haltepunkten ausgerüstet werden. Ein solcher ist auch unter dem Hauptbahnhofsvorplatz vorgesehen, um hier vornehmlich dem Uebergang der Fahrgäste vom Hauptbahnhof auf die Vorortbahn und umgekehrt zu dienen. Von dem letztgenannten Haltepunkt aus wird die Bahn unter dem Empfangsgebäude, den Bahnsteigen und den Gleisanlagen des Hauptbahnhofs weitergeführt, tritt etwa 300 m vor der Brandenburger Straßenbrücke südlich neben den Hauptgleisen nach Dresden zutage und verläuft in der gleichen Höhenlage und Richtung wie diese weiter.[66]

Eine Fertigstellung der U-Bahn mit ihren Haltepunkten sollte nur unter der Voraussetzung erfolgen, daß sich die Einwohnerzahl Leipzigs noch erheblich erhöhte und die Beförderungsmittel auf der Straße nicht mehr imstande wären, den Verkehr zu bewältigen. Die ausführenden Bauarbeiten im Bereich des Bahnhofsgeländes erst zu einem solchen Zeitpunkt wären mit enormen Mehrkosten verbunden gewesen, zumal eine notwendige Absenkung des Grundwassers um rund 4 m die Standsicherheit des Gebäudes gefährdet hätte. Deshalb erhielt Leipzig in den Jahren 1913 bis 1915 einen 710 m langen Untergrundtunnel im Bereich des Hauptbahnhofes. Der U-Bahnbetrieb wurde jedoch nicht aufgenommen.

In den zwanziger Jahren mit einer gewissen Euphorie wieder aufgegriffen, verhinderte die Inflation die Weiterführung des Tunnels unter der Stadt. Der Beginn des II. Weltkrieges unterband wiederum eine Neuprojektierung schon im Anfangsstadium. Anläßlich der Einführung des S-Bahn-Verkehrs 1969 gab es nochmals eine Untersuchung zwecks Verbindung der beiden Leipziger Bahnhöfe durch eine Untergrundbahn, die wieder ohne Folgen blieb.

Der Tunnel verläuft noch heute unter dem Empfangsgebäude dicht östlich neben der sächsischen Eingangshalle, führt geradlinig unter den Personenbahnsteigen 22/23 entlang, dann im Bogen um die Dresdner Hauptgleise und unterquert den Eilguttunnel, um dann über eine Rampe an die Oberfläche zu kommen. Etwa 480 m westlich der Brandenburger Straße entstand das heute geschlossene Portal.

Schalung für die Betonierungsarbeiten am U-Bahn-Tunnel, etwa 1914

Der gesamte Tunnel besteht aus Stahlbeton, um den unterschiedlichen Belastungsverhältnissen durch den Überbau, dem Grundwasserauftrieb und dem seitlichen Erddruck genügend Widerstand entgegenzubringen. Zudem war diese Art des Baues am kostengünstigsten. Bei einer lichten Breite von 9,20 m wird der Stahlbetonrahmen durch Säulen getrennt. Seine Höhe beträgt 5,20 m. Der Abdichtung gegen Druckwasser und Oberflächenfeuchtigkeit mußte auch hier besondere Aufmerksamkeit geschenkt werden. Auf Erfahrungen beim Berliner U-Bahnbau zurückgreifend, verwendete man Dachpappen in drei Lagen, die mit sechs bis sieben asphaltischen Anstrichen verklebt wurden.

Gewaltige Wasserhaltungsarbeiten (Absenkung des Grundwasserspiegels um 5,5–6 m), die bekannten Gründungsprobleme (Pfahl- und Plattengründungen), der offene Verbau, das Einbringen großer Mengen Stahl (768 t Rundeisen) und Beton

($15755\ m^3$), aber auch die inzwischen eingetretenen Kriegsereignisse verlängerten die Bauzeit für das 1,9 Millionen Mark teure Objekt enorm.

Ausgeführt wurde der Tunnel in zwei Bauabschnitten, wobei der erste unter Leitung der Dresdner Zweigniederlassung der Firma »Philipp Holzmann & Co« stand und der zweite vom Hauptgeschäft der Leipziger Firma »Kell & Löser« errichtet wurde.

Unfälle

Am 26. Januar 1911 stürzte ein Schutzdach der Firma »Dyckerhoff & Söhne« ein. Der Arbeiter Richard Leonhardt aus Leutitz bei Schkeuditz erlitt schwere innere Verletzungen und einen Kiefernbruch.

Gleichfalls schwere innere Verletzungen und Knochenbrüche wurden bei Maurer Friedrich Blöde diagnostiziert, als er beim Sandsteintransport für die Empfangshalle von einem herabstürzenden Stein getroffen wurde. Auch der Maurer Paul Kretzschmar wurde dabei verletzt.

Der Arbeiter Joseph Langos kam im April 1911 ums Leben, als er eine Kalklore auf einem Gerüst zum Fahrstuhl schob und übersah, daß letzterer nicht frei war und deshalb in seiner Etage nicht hielt. Langos überfuhr die Öffnung und stürtzte zusammen mit der Lore in den Schacht. Er war sofort tot.

Am 1. April 1915 verunglückte ein 60jähriger Monteur beim Anbringen eines Blitzableiters auf dem Dachgerüst der Haupthalle, als er von seiner Leiter 13 m in die Tiefe stürzte.

Von den vielen, oft wenig beachteten baulichen Anlagen, die für den Bahnbetrieb unentbehrlich waren, seien hier wenigstens noch einige genannt: die Güterabfertigungsanlagen, Heizhäuser (später Bahnbetriebswerke) und Bekohlungsan-lagen sowie Vorrichtungen für die Wasserversorgung, Betriebswagenwerkstätten und Wagenreinigungsanlagen, das Bahnbetriebswerk sowie Vorrichtungen zur Versorgung und Instandsetzung der Personenwagen, die Elektrizitätswerke.

Alle für den Hauptbahnhof Leipzig geschaffenen Einrichtungen entsprachen dem neuesten Stand der Bahnbetriebstechnik, wenn auch oft – dem Dualismus geschuldet - für die gleichen Anlagen unterschiedliche Technik zum Einsatz kam.

Wagenwaschanlage

Am 1. Oktober 1915 konnte man den neuen Hauptpersonen- und Güterbahnhof Leipzig, nachdem die »Maschinenbahnhofsanlage am Heizhaus Süd« ihre Arbeit aufgenommen hatte, in betrieblicher Hinsicht als endgültig vollendet ansehen. Letzte Arbeiten am Empfangsgebäude (Freitreppe in sächsischer Empfangshalle) und im Bahnsteigbereich waren Ende November zum Abschluß gebracht, so daß am 4. Dezember 1915 »in schlichter Weihefeier der Schlußstein eingesetzt und gleichzeitig die sächsisch östliche Eingangshalle als letzter Teil des Geländes im vollen Umfang in Benutzung genommen werden konnte«.[67]

Schlußsteinweihe
im Hauptbahnhofe zu Leipzig
Sonnabend, den 4. Dezember 1915

Speisenfolge
Kraftbrühe in Tassen mit Rindermark
Muschelfleisch
Gespickter Kalbsbraten mit Gemüse
Dunstobst — Salat
Butter und Käse

Speisekarte zur Feier der Schluß-steinweihe

Mit einem Menü, daß von »Kraftbrühe in Tassen mit Rindermark« über »Muschelfleisch« zu »gespickten Kalbsbraten« reichte, empfingen die Bauherren ihre Ehrengäste – die Vertreter der sächsischen und der preußischen Eisenbahnverwaltungen, der Stadt Leipzig, der Universität sowie des Reichstages und des Landtages. Feierlich leitete der sächsische Staatsminister von Seydwitz die ersten drei Hammerschläge der Schlußsteinlegung mit einer Ansprache ein, in der er die Vollendung des Hauptbahnhofes als einen »Markstein in der Geschichte des europäischen Eisenbahnwesens« bezeichnete.

Als Schlußstein verwendete man den bei den Abbrucharbeiten des Dresdner Bahnhofs gefundenen Grundstein. An der einen Stirnseite trägt er das Datum »30. Juni 1864« (Baubeginn am 2. Dresdner Bahnhof), an der anderen ist ein Steinmetzzeichen eingemeiselt. Der in der östlichen Halle eingelassene Stein ist mit der Inschrift »Schlußstein 4. Dezember 1915« versehen.

Vor einem abschließenden Überblick zur Entwicklung des Eisenbahnwesens und dessen Baulichkeiten durch Baurat Rothe übermittelte Ministerialdirektor Oberdirektor Dorner die Glückwünsche des preußischen Ministers für öffentliche Arbeiten und schloß mit den Worten:

Angesichts des stolzen Baues, dem wir den Schlußstein einzufügen uns anschicken, darf daran erinnert werden, daß vor nunmehr fast 70 Jahren der Verein deutscher Eisenbahnverwaltungen bei seiner Gründung als seine Aufgabe erklärt hat: durch gemeinsame Beratungen und einmütiges Handeln das eigene Interesse und dasjenige des Publikums zu fördern. Auch das, was wir heute hier vollendet vor uns sehen, ist in lange Jahre währenden gemeinsamen Beratungen und ernster, einmütiger Arbeit zustande gekommen. Wir stehen innerhalb der Mauern, die das neue Empfangsgebäude umschließen, das Gebäude, aus dessen äußerer Erscheinung und aus dessen Raumgestaltung die Baukünstler ihre eindrucksvolle Sprache zu uns reden; das Gebäude, das im großen Publikum gemeinhin als Bahnhof angesprochen wird. Aber schauen Sie hinaus auf die sich weithin reckenden Strahlen der Gleise, die für die Ausführung des Betriebsdienstes bestimmt sind, auf die weiträumigen Baugruppen für den Güter- und Postverkehr, auf die ausgedehnten Bahnhofsanlagen für den Verschiebedienst – erst dann gewinnen Sie eine richtige Anschauung von der gewaltigen Bedeutung der Umgestaltung der Leipziger Bahnhofsanlagen. [...] *Meine Herren, die Bauleute haben ihre Arbeit getan, die Betriebsverwaltungen haben das neue Haus bezogen. Sie mögen das Werk mit derselben Hingebung verwalten und betreiben, wie die Bauenden es in emsiger Arbeit hergestellt haben. Bis in ferne Zukunft bleibe es ein Segen für den Verkehr, der seine Fäden über des Landes und des Reiches Grenzen hinaus zeigt: ein Stolz der in freundnachbarlicher Gesinnung verbundenen Bauherren: eine Zierde der Stadt, in deren Mauern es errichtet wurde.«*[68]

Zugverkehr ab dem Hauptbahnhof

Mai 1912: Leipzig–Corbetha/Zeitz
September 1912: Leipzig–Bitterfeld–Berlin
Oktober 1912: Leipzig–Halle–Magdeburg und Schnellverkehr Leipzig–Hof
Februar 1913: Leipzig–Dresden und Leipzig–Bad Lausick–Geithain–Chemnitz
Mai 1915: Leipzig–Eilenburg

Am 1. Oktober 1915 sind alle Linien planmäßig eingeordnet

Die Gesamtkosten der Umgestaltung der Leipziger Bahnanlagen zu dem in der damaligen Zeit auf dem neuesten technischen Niveau stehenden größten Kopfbahnhof Europas, der gesamten Anlagen an der Peripherie der Stadt und dem Gebäude einschließlich der technischen Ausrüstung der Postverwaltung beliefen sich auf 137.046.118 Mark. Die Summe gliederte sich auf die beteiligten Partner folgendermaßen auf:

I Sächsische Eisenbahnverwaltung	54 525 968 Mark
II Preußische Eisenbahnverwaltung	55 662 000 Mark
III Reichspostverwaltung	5 756 770 Mark
IV Stadtgemeinde Leipzig	21 101 380 Mark
	137 046 118 Mark

Die im Jahre 1902 aufgestellten Entwürfe und die danach ermittelten Kosten hatten eine vermutete Gesamtsumme von rund 135 Millionen Mark ergeben. Bedenkt man, daß vom ersten Spatenstich bis zur Schlußsteinlegung 14 Jahre ins Land gingen, die Bahnanlagen gegenüber den genannten Entwürfen zum Teil erheblich erweitert wurden, die Inflationsrate sicherlich nicht mit vorausberechnet war, die veranschlagten Gesamtkosten jedoch nur minimal, um nicht einmal 1,5 Prozent, überschritten wurden, so dokumentiert dies, daß die Planung im Gegensatz zu vielen heutigen eine äußerst umfängliche und detaillierte gewesen sein muß.

Kuriosa

Leipziger Neueste Nachrichten vom 1. 4. 1909

Zu den Bahnhofsbauten:
Das alte Wort »Lipsia vult exspektari« (Leipzig wird vom Geier geholt), das unsere Stadt auswärts in einen Mißkredit gebracht hat, soll endlich einmal zuschanden werden. Wie wir hören, ist Aussicht vorhanden, die Hauptbahnhofs-Anlagen bereits bis zum Herbst 1910 fertigzustellen, so daß mit dem Inkrafttreten des Winterfahrplanes am 1. Oktober 1910 der ganze Bahnhof in Betrieb genommen werden kann. Der Termin fällt also rund 3 Jahre früher als vorgesehen war. Diese frühere Fertigstellung erklärt sich daraus, daß infolge der enormen Fortschritte, die die Luftschiffahrt in allerjüngster Zeit gemacht hat, die sächsische und die preußische Regierung darin übereingekommen sind, einen Teil der für den Eisenbahnbetrieb in Aussicht gekommenen Anlagen fallen zu lassen und für einen großen freien Platz für den Luftschiffverkehr zu reservieren, der fraglos in den nächsten Jahren von Staats wegen betrieben werden wird. Das Hauptempfangsgebäude des Bahnhofs wird also nicht in dem beabsichtigten Umfang errichtet werden, sondern nur in kleinerem Maße. Man gewinnt dadurch Zeit und Raum. Der letztere soll später zur Errichtung von Luftballonhallen und Gondelreservoirs Verwendung finden. Die Pläne für den Luftballon-Bahnhof sind zur Zeit noch nicht fertiggestellt. Wir sind daher noch nicht in der Lage, darüber nähere Mitteilungen zu machen. Doch dürften unsere Leser nicht allzu lang darauf warten brauchen.

Ernst gemeint waren jedoch Pläne in den zwanziger und dreißiger Jahren, auf dem Dach des Hauptbahnhofes einen Flughafen einzurichten. »Man stelle sich vor: der Reisende steigt aus dem Zug in der Bahnhofshalle aus und kann vom Dache des Hauptbahnhofes weiterfliegen!« schwärmten die Leipziger Neuesten Nachrichten im September 1935. Eine Entwurfszeichnung veranschaulichte das Projekt:

Entwurf eines Flughafens auf dem Dache des Leipziger Hauptbahnhofes

DIE ZERSTÖRUNG IM 2. WELTKRIEG

Schwere Zerstörungen am Hauptbahnhof entstanden bei den Bombardements auf Leipzig in den Kriegsjahren 1943 und 1944. Welche Ironie des Schicksals: Genau 28 Jahre nach der Einweihung durch die feierliche Schlußsteinlegung, am 4. Dezember 1943, präzis zur von Luftmarschall Harris befohlenen Angriffszeit, fielen auf Leipzigs Innenstadt die ersten Bomben. Durch ein Täuschungsmanöver gelang es dem englischen Bombengeschwader, Leipzig unbeschadet zu erreichen, während die deutschen Abwehrjäger vergeblich über Berlin warteten.

Auf die sächsische Metropole wurden in dieser Nacht 1382 t todbringende Last abgeworfen. Knapp die Hälfte waren Spreng- und Minenbomben. Stab- und Phosphorbrandbomben sowie Phosphorkanister lösten in der Stadt eine verheerende Feuersbrunst aus. Der Angriff war der schlimmste, den Leipzig überstehen mußte.[69]

Am Hauptbahnhof führte das Bombardement vor allem zu schweren Materialschäden. Der Luftdruck der Explosionen zersplitterte die komplette Glasbedachung der Längsbahnsteige, Phosphorbomben verbrannten die Holzbedachung. Auch rings um das Empfangsgebäude kam es zu Zerstörungen. An eine Weiterbenutzung des Hauptbahnhofes war deshalb zunächst nicht zu denken. In den ersten Tagen nach dem Angriff fuhren die Züge nur bis zu den Bahnhöfen Wahren, Plagwitz, Paunsdorf und Connewitz. Der eingerichtete Pendelverkehr mit Autobussen hielt die Verbindung zum Zentrum aufrecht.

Als weitaus folgenschwerer für den Hauptbahnhof Leipzig erwies sich der Angriff der amerikanischen Air force in den Vormittagsstunden des 7. Juli 1944:

Es war ein heller und sonniger Julitag und kein Wölkchen am Himmel. Vormittag um 10.30 Uhr verstummte plötzlich die Marschmusik im Radio und der Kuckucksruf ließ die Menschen

Luftaufnahme der US-Airforce vom 20. Dezember 1943

Luftaufnahme der US-Airforce vom 7. Juli 1944

aufhorchen, »starke Bomberverbände im Anflug auf Mitteldeutschland« meldete der Sprecher. 10.50 Uhr heulten schon die Sirenen, und nur wenige Minuten später erschienen am blauen Himmel metallisch in der Sonne aufleuchtend, kleinen Käfern gleichend, drei Schwärme in keilförmiger Marschordnung, mit einem feinen Summen ihre bedrohliche Nähe anmeldend. Die Heimatflak, von Oberschülern bedient, streute ein paar graue Wölkchen um die ruhig ihre Bahn ziehenden Schwärme dieser Todesinsekten.

Schwere Bomben heulten von oben herunter, zwischen die Gleise, auf die Gebäude des Hauptbahnhofs und auf die ihn umgebenden Straßen. Ein Treffer zerstörte die gesamte Straßenfront der Westhalle, ein anderer zerschmetterte einen Betonrundbogen, auf dem die Überdachung des Querbahnsteiges gelagert war.

Das gewölbte Dach des Querbahnsteiges war in Eisenbeton freitragend ausgeführt und wurde auf der Gebäudeseite auf deren Tragmauern aufgelagert. Auf der Gleisseite wurde es von sechs Rundbögen aufgenommen, die sich gegenseitig in Spannung hielten. Das hatte zur Folge, daß, als die Bombe einen dieser Betonbögen zerstörte, auch die anderen fünf Bögen ins Wanken kamen, umstürzten und die schwere Betondecke des Querbahnsteiges herunterrissen und den Fußboden des Querbahnsteiges, der gleichzeitig die Decke der Gepäckräume bildete, durchschlugen und in den Gepäckräumen alles unter sich begruben.

Da innerhalb etwa 20 Minuten ein Bogen nach dem anderen umstürzte, konnten sich viele Schutzsuchende, die sich in den Gepäckräumen sicher glaubten, retten. Ein Eisenbahner, der auf dem Querbahnsteig die besondere Luftschutzwarnanlage bedienen mußte, hatte sich beim ersten Bombeneinschlag unter eine Bank an der Gebäudeseite geworfen. Dicht neben ihm donnerte das Deckengewölbe herunter, versank der Fußboden, er blieb unverletzt.

Dagegen fielen einer Bombe, die in den Eingangstunnel der geplanten Untergrundbahn fiel, Hunderte Menschen zum Opfer, die dort Schutz gesucht hatten.[70]

Ein einziger Bombentreffer, der die stützende Abschlußbogenreihe zwischen der Querhalle und der Längshalle an einer Stelle auseinandersprengte, reichte also aus, um die Stahlbetonkonstruktion des Querbahnsteiges zu zerstören. Die Sprengbomben beschädigten zudem die Stahlkonstruktion an einzelnen Stellen erheblich.

Durch die 12 Großluftangriffe auf Leipzig im Zweiten Weltkrieg kamen etwa 5200 Menschen ums Leben, 40% der Wohnungen, 80% der Messehäuser und 50% der Industrieanlagen waren zerstört. Besonders stark getroffen wurden auch die Bahnhöfe Leipzig-Wahren, Engelsdorf und der Bayrische Bahnhof.

Zerstörte Querbahnsteighalle von den Längsbahnsteigen aus

Trümmerberg der Soffitten- und Zwischenbinder auf dem Querbahnsteig

DER WIEDERAUFBAU

Die Zerstörungen am Hauptbahnhof und den umliegenden Gebäuden einschließlich des Gleisbereiches sowie die schweren Schäden in den Betriebsanlagen verlangten von der Bevölkerung Leipzigs und vor allem von den Eisenbahnern große Anstrengungen beim Wiederaufbau. Langsam kam der Verkehr nach Kriegsende wieder in Gang. Am 16. Juli 1945 konnte ein erster fahrplanmäßiger Zugverkehr beginnen.

Der Leipziger Hauptbahnhof stand aber auch im Mittelpunkt, als es galt, Durchreisende zu versorgen, Umsiedler, Heimkehrer und Flüchtlinge, Studenten und Familienangehörige von Leipzigern zu bewältigen, und er war Ausgangspunkt für die vielen nützlichen oder notwendigen, zumindest aber kontingentierten Reisen der Leipziger Bevölkerung. Weder die Zugfolge noch die Kapazität reichten annähernd aus, um alle genehmigten Reisen mit Sitzplätzen abzusichern. Nur jeder vierte reparierte Wagen war ein Personenwagen. Trittbrett- und Pufferfahrer gehörten zur Tagesordnung.[71]

Zunächst wurden die größten, den Betriebsablauf störenden Schäden beseitigt – 34000 t Trümmer, darunter ca. 20000 t Stahlbeton, die mit Preßlufthämmern, Sprengungen, Schaufeln und Hacke zerkleinert und in 2500 Waggons nach Lützschena abtransportiert wurden. Der 280 m lange Querbahnsteig erhielt einen 7000 m^2 großen, als eine Art Terrassendach ausgebildeten Betonfußboden, da dieser Wind und Wetter ausgesetzt war. Bereits 1948 wurden die Bahnsteige 1 und 26 mit 4000 m^2 Dachfläche neu eingedeckt. Täglich verkehrten nun wieder 120 Züge. 1949 überholte man den großen Innenraum der Osthalle. In den Jahren 1950 und 1951 konnte die zerstörte Westhalle wieder aufgebaut werden, so daß sich bereits Anfang der fünfziger Jahre die lange Front des Empfangsgebäudes repräsentativ darstellte.

Aufräumungsarbeiten

Bis dahin waren 20,8 Millionen Arbeitsstunden beim Wiederaufbau geleistet sowie 950 t Zement, 6000 t Kies und Sand, 350 t Stahl und 400 m^3 Holz verbaut worden.[72]

Im Jahre 1954 gab die Regierung der DDR den Auftrag zum vollständigen Wiederaufbau des Leipziger Hauptbahnhofes. Die Beteiligten waren sich einig, »den Bahnhof im Zentrum des europäischen Wirtschaftslebens nicht nur wiederherzustellen, sondern ihn nach den neuesten Gesichtspunkten der modernen Technik und der Bequemlichkeit für die Reisenden zu gestalten.«[73]

Für die Architekten stellte sich die Aufgabe, den Hauptbahnhof entsprechend des Aussehens von 1915 in »Empfangshallen für Gäste der deutschen Reichsbahn« umzugestalten. Von den vielen am Neuaufbau mitwirkenden Betrieben seien Firmen wie die »VEB Bau-Union-Leipzig«, der »VEB Eisenbau Leipzig«, der »VEB Glasdachbau Zwickau« sowie der »VEB Leuchtenbau Leipzig« genannt.

Bereits 1952 und 1953 waren Projektunterlagen erstellt worden. Die gesamte Entwurfsarbeit lag beim Entwurfs- und Vermessungsbüro der Deutschen Reichsbahn der Außenstelle Halle, die Bauleitung in den Händen der Investitionsbauleitung Leipzig der Reichsbahndirektion Halle.

Ursprünglich hatte es Überlegungen gegeben, die Längsbahnsteighallen komplett abzureißen und sie durch Stahlbetonfertigteile zu ersetzen. Nur die komplizierten Gründungsverhältnisse, die das Projekt sehr teuer gemacht hätten, bewahrten die noch vorhandene Stahlkonstruktion vor dem endgültigen Abriß.

Bis zum Jahre 1956 waren die Längsbahnsteige neu überdacht. Bei der Herstellung der vollen Funktionsfähigkeit galt es, zwischen den Wünschen des Chefarchitekten, die Hallendächer in der alten Form wiedererstehen zu lassen, und den Forderungen der verantwortlichen Stellen der Deutschen Reichsbahn nach Beseitigung der Konstruktionsmängel einen Kompromiß zu finden. So wurde darauf geachtet, schnelle und starke Verschmutzung zukünftig zu verhindern sowie die ungenügenden Reinigungsmöglichkeiten der flach liegenden Oberlichter zu verbessern.

Für die Bedachung zog man viele Varianten in Erwägung. Die Verglasung, die Art der Rauchabführung, der Stahlbedarf, aber auch die zu erwartenden Kosten wurden gegenübergestellt, so daß die Wahl schließlich auf die terrassenförmige Ausbildung fiel. Die anfangs beim Beirat für Bauwesen vorhandenen Bedenken konnten nach der örtlichen Besichtigung der fertiggestellten ersten Halle (Halle IV) beseitigt werden. Dabei handelte es sich um folgenden Aufbau der Konstruktion:

Parallel zu den Hallenachsen verlaufende Terrassen mit 55° geneigten Glasflächen und annähernd horizontalen hölzernen Zwischendächern, Entlüftung über jedem Glasband und besonders breite Lüftungsschlitze am First.

[...] *Die Hallen erhalten je zehn durchlaufende Lichtbänder mit 55° Neigung, in denen die Drahtglasscheiben in zwei Fällen je 2,36 m und 0,56 m und in sechs Fällen je 1,56 m lang sind. Der durchlaufende Firstaufbau ist unter 30° geneigt und mit zwei Reihen Scheiben von 1,56 m Länge abgedeckt. Alle Drahtglasscheiben liegen auf kittlosen Sprossen (Normal-Walzprofile).*

Scheiben-Querstöße sind vermieden und damit auch Schmutzansammlungen mit der daraus entspringenden Gefahr des Zerfrierens. Zwischen den Glasbändern liegt Pappe auf Schalung und Holzsparren, Neigung 1:20. Die Entlüftung liegt schneesicher über den oberen Glasscheibenkanten.

Die Lüftungsschlitze laufen über 13 von den 15 vorhandenen Binderfeldern durch, und ihre Breite beträgt je Halle 8x0,30 m und 2x0,40 m.

Die Einflüsse des Eigengewichts sowie der Schnee- und Windlasten sind etwa die gleichen wie beim ursprünglichen Dach. Die Fachwerkpfetten sind nur geringfügig zu verstärken. Die Dachverbände sind neu.[74]

Wirkungsvoll betonten die durchlaufenden Glasstreifen die langgestreckten Hallen. 80 t Stahl, 450 m^3 Holz, 3200 m^2 Draht- und Rohglas sowie 19000 kg Farbe und Imprägniermittel sollen allein für den Wiederaufbau der Längshallen verwendet worden sein. Die gesamten Arbeiten führte man ohne Einschränkung des Zugverkehrs aus.

Auf den Längsbahnsteigen wurden der Übersichtlichkeit halber nur einige Sitzbänke und Trinkbrunnen aufgestellt. Statt der zum Abbruch bestimmten Verkaufskioske wollte die Mitropa »motorisierte Verkaufskioske« einsetzen.

Besonders schwierig und langwierig gestaltete sich die Überdachung der Querbahnsteighalle. Zuletzt in Angriff genommen, konnten die Arbeiten im Jahr 1963 im wesentlichen abgeschlossen werden. Der Forderung des Ministeriums für Verkehrswesen entsprechend sollte die Sicherheit der Reihe der Abschlußbogenbinder erhöht werden, um in zukünftigen Katastrophenfällen einen gänzlichen Zusammensturz zu verhindern.

Da im Bereich der Fundamente aufgrund der Platz- und Baugrundverhältnisse keine wesentlichen Veränderungen vorgenommen werden konnten, mußte eine Lösung gefunden werden, die es ermöglichte, einen Dreigelenkbogen ohne sichtbare Zugbänder zu konstruieren, der den Anforderungen an die Standsicherheit weitgehend genügte.

Der Wunsch, den bekannten Gesamteindruck der Halle zu erhalten, wurde durch die Tonnenform der Längsbahnsteighallen verstärkt und konnte durch die Wiedererrichtung einer Stahlbetonbogenreihe als Übergang zu den Längsbahnsteighallen und einer Stahlbinderdachkonstruktion mit einer äußeren und inneren Schale realisiert werden. Mehrere Vorschläge wurden dazu eingehend diskutiert und untersucht. Letztendlich fand man eine Lösung zur Wiederherstellung der Abschlußbogenbinder, die alle wichtigen Bedingungen erfüllte:

1. *die vorhandenen Fundamente sollten wieder verwendet werden; eine Vergrößerung war mit Rücksicht auf die unter den Bahnsteigen liegenden Bauwerke nicht möglich;*
2. *bei Ausfall einzelner Bauwerkteile sollten die übrigen für sich standsicher sein, entgegen der gewählten und zur Ausführung gelangten ursprünglichen Konstruktion;*
3. *tiefliegende Zugbänder unter den Bahnsteigen konnten nicht eingebaut werden;*
4. *die alten Bogenformen sollten beibehalten werden, um das architektonische Gesamtbild der Querbahnsteighalle weitgehend zu erhalten;*
5. *hochliegende Zugbänder durften angeordnet werden; es war jedoch eine Lösung ohne sichtbare Zugbänder erwünscht;*
6. *der Betrieb durfte durch die Bauarbeiten möglichst wenig gestört werden. Es sollte deshalb möglicherweise durch Verwendung von Betonfertigteilen ein wesentlicher Teil der Arbeiten aus dem Bereich der Bahnhofshallen verlegt werden;*
7. *alle sichtbaren Flächen sollten mit Vorsatzbeton betoniert und steinmetzmäßig bearbeitet werden. Wandputz war auf jeden Fall zu vermeiden.*[75]

So wurde festgelegt, daß die Querbahnsteigwand von sechs großen Stahlbeton-Dreigelenkbogen von 45 m beziehungsweise 42,5 m Stützweite, 4,1 m breit zwischen Stahlbetonpfeilern herzustellen war. Über dem Bogen errichtete man die innere und äußere Hallennordwand mit Stahlbetonfertigteilen, die an einer Rahmenkonstruktion befestigt wurden.

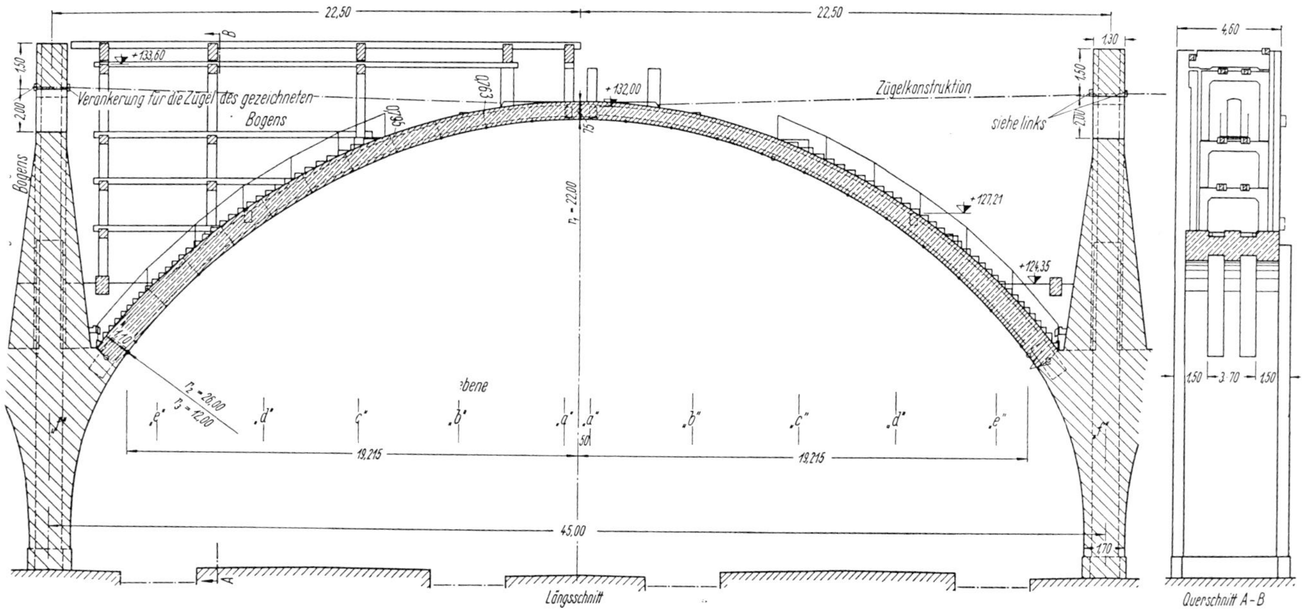

Abschlußbogenbinder mit Zügelkonstruktion

Abschlußbogenbinder mit Halterung für die Zügelkonstruktion

Alle Montagevorgänge und -zusammenhänge studierte man an einem Modell. Zur Wahl des statischen Systems wurden 13 Varianten untersucht. Schließlich fiel der Entschluß, die Pfeiler durch Bewehrung biegesteif auszubilden.

Eine Einspannung der Pfeiler in die Fundamente war nicht möglich. Der Bogenschub wird deshalb in die Pfeilermitte geleitet. Die stählernen Zügel sind mit den Bogenscheiteln und Pfeilern verbunden, so daß sie plötzlich auftretende Kräfte übertragen können – eine Konstruktion, die es ermöglichte, die Bögen wieder jeweils als Dreigelenkbogen auszubilden. Somit würden beim Ausfall einer Bogenhälfte alle anderen Tragglieder der Bogenreihe stehenbleiben. Im Schadensfall könnten die Zügel eine Kraft von 370 t aufnehmen.

Als bei Untersuchungen an einem Pfeilerfundament eine geringfügige Zersetzung festgestellt wurde, ordnete das chemische Versuchsamt der Deutschen Reichsbahn an, alle Fundamente vor dem Wiederaufbau zu prüfen. Die Analyse des Grundwassers ergab, vor allem im unteren Bereich der Halle, hohe Werte kalkaggressiver Kohlensäure, die zu einer Zersetzung des Bindemittels hätten führen können. Trotzdem konnte abschließend attestiert werden:

Es wurde festgestellt, daß die eingetretene Zersetzung des Betons infolge aggressiven Wassers bei den großen Abmessungen des unteren Fundamentabsatzes sehr minimal war und daß gegen einen Aufbau der Pfeiler auf den vorhandenen Fundamenten keine Bedenken bestanden.[76]

Mit der Ausführung der Abschlußbögen wurde 1958 begonnen. Nachdem die Wiederlager im östlichen und westlichen Bereich neu hergestellt waren, konnten die Stahlbetonbögen zwischen den Pfeilern betoniert und anschließend die sogenannten Zügelkonstruktionen – bestehend aus zwei U-Profilen mit einer Höhe von 24 cm – angebracht werden.

Das »Baustoffkombinat Magdeburg« und die »Steinmetzfirma Arnhold« aus Leipzig lieferten für den weiteren Wandaufbau 2534 Stahlbetonfertigteile mit einem Gesamtgewicht von 2118 t, die mit einem Turmdrehkran auf die Bögen gesetzt wurden.

Mit dem Einsturz der Querbahnsteighalle waren zugleich sowohl Teile des Ost- und des Westgiebels als auch die Auflager der Dachkonstruktion auf der Abschlußwand des Empfangsgebäudes zerstört worden. Durch die Neukonstruktion des Dachtragewerks aus wesentlich leichteren Stahlfachwerkbindern* war es möglich, die Giebel durch Veränderung des statischen Systems zu sichern, so daß die Auflager auf dem Empfangsgebäude nach teilweiser Reparatur die Lasten übertragen konnten.

Die Stahlbinder der Dachkonstruktion lagern beweglich auf der Wand des Empfangsgebäudes. Zu diesem Zweck fanden als Rollenlager alte Lokomotivachsen Verwendung. Im Werk vom »Stahlbau Dessau« hergestellt, wurden die geschweißten Binder in zwei Hälften zur Baustelle transportiert, dort zusammengenietet und schließlich auf die Auflager gesetzt. Durch anschließend angebrachte Längs- und Querverstrebungen in Binderebene erhielt die Dachkonstruktion ihre not-

Abschlußwand der Querhalle und eingerüsteter Bogenbinder

wendige Aussteifung. An die Binder wurde eine Stahlbetondecke angehängt, deren Oberlichter 40 Prozent der Dachfläche einnehmen. Eine Be- und Entlüftung über die Laterne sowie über Abluftschächte und Lüftungsschlitze war wegen den damals noch im Einsatz befindlichen Dampflokomotiven notwendig.

Zu den Personen, die sich beim Wiederaufbau besonders verdient machten, gehörten der Leipziger Architekt Heinz Lenck und der Bauingenieur Alfred Hagedorn, der bereits 1945 am Objekt tätig war.

Mit der Fertigstellung war eine neue Halle entstanden, »die hell und in ihrer Form klar den aus der Hast und dem Getriebe des Eisenbahnverkehrs ankommenden Reisenden mit ruhiger Vornehmheit empfängt«.[77] Um diese Großzügigkeit auch durchgehend zu gewährleisten, wurden zunächst noch die Bahnsteigsperren beseitigt und die die Übersicht behindernden Verkaufskioske sowie die nicht mehr notwendigen Aufzugshäuser vom Querbahnsteig entfernt. Als Ersatz für die Kioske entstand im ehemals düster anmutenden Verbindungsgang zwischen Ost- und Westhalle eine moderne Ladenstraße.

Zum 50. Jahrestag der Schlußsteinlegung konnte das Hauptbahnhofgebäude wieder in alter Schönheit erstrahlen. Über 40 Millionen Mark waren zur Verfügung gestellt worden.

Der Hauptbahnhof während der Herbstmesse 1950

Westhalle mit Mitropa-Kaufladen

Blumen Hanisch, bereits seit 1913 im Hauptbahnhof ansässig

Osthalle Mitte der sechziger Jahre

Blick in die Osthalle. Mitte der sechziger Jahre

Mitropa-Läden in der Osthalle. 1965

LOKOMOTIVEN UND ZÜGE

SAXONIA - die erste deutsche Dampflok

Jede gesellschaftliche Epoche bringt Veränderungen auf den Gebieten von Wissenschaft und Technik mit sich. Bei der Entwicklung der Dampflokomotiven waren die Engländer unbestreitbar führend. 1839 stellte jedoch der damals unbekannte Ingenieur Andreas Schubert die erste deutsche Maschine vor. 1836 hatte sich der Dresdner Actien-Maschinenbau-Verein gegründet, der am 1. Januar 1837 in Übigau bei Dresden eine Maschinenbau-Anstalt ins Leben rief. Leiter des Unternehmens wurde Schubert. Er »sah für seine Maschinenbauanstalt in der Herstellung von Lokomotiven eine reale Perspektive und vertrat die Meinung, daß für das künftige Produktionsprogramm vornehmlich deutsche Werkstoffe eingesetzt werden sollten. Diese Überlegungen waren vom volkswirtschaftlichen Standpunkt überaus bemerkenswert, dienten sie doch der Überwindung der Zollschranken und der Schaffung eines nationalen Marktes.«[78] Schuberts Lokomotive durfte allerdings zur Eröffnung der Strecke Leipzig–Dresden nur den Festzügen hinterherfahren. Die sächsischen Eisenbahndirektoren hatten zur deutschen Technik kein Vertrauen. So wurde die SAXONIA zunächst auch nicht angekauft.

Obwohl es weiterhin ein wirtschaftliches Wagnis war, baute Schubert zwei Jahre später eine zweite Lok. Aber auch diese Maschine, die COLUMBUS, kaufte die Bahnverwaltung anfangs nicht. Immer noch war der englische Einfluß auf die Leipzig-Dresdner-Eisenbahn-Compagnie zu stark. Bis 1850 wurden 62 Maschinen in England geordert.

Erst später erlangte die deutsche Industrie auf dem Gebiet der Eisenbahn und des Lokomotivbaues ausgezeichnete Erfolge. In Sachsen war es die Firma »Richard Hartmann« aus Chemnitz, deren Maschinen nicht nur in Europa, sondern auch in anderen Erdteilen anzutreffen waren.

Der erste sächsische Lokomotivführer – ein Leipziger

Die Feier des 100jährigen Bestehens der Leipzig-Dresdener Eisenbahn und die sich anschließende Erinnerungsschau führen uns [...] den großen Abstand vor Augen zwischen unserer und jener Zeit, als aus dem industriellen England jene umwälzende Erfindung, nämlich die Umwandlung der Dampfkraft zum Zwecke des Verkehrs in der offenen Landschaft, auch in unserem Sachsenlande zur Ausführung kam und dem bisherigen Handel und der Industrie neue Wege und ein anderes Tempo gaben. [...] Die ersten Lokomotiven waren sehr unvollkommen; außerdem mußte der Lokomotivführer, wie heute, noch für die Sicherheit von tausenden Menschen einstehen. Der erste von allen, die bereit waren, jenes durch so große Verantwortung beschwerte Amt zu übernehmen, war Christian Johann Heinrich Schmidt, geb. am 20. November 1810 in Hamburg. [...] 1834 wanderte Johann Heinrich Schmidt als Schlossergeselle von Hamburg nach Dresden [...]. Anschließend arbeitete er mit einer Unterbrechung von 1837 bis 1841 unter dem Erbauer der ersten deutschen Lokomotive: Johann Andreas Schubert [...]. Es wurde eine Maschinenbau-Aktiengesellschaft 1836 gegründet. In dem Unternehmen, in dem Schubert an der Spitze stand, arbeitete auch Heinrich Schmidt an der ersten Lokomotive »Saxonia« sowie später an der zweiten Maschine »Columbus«, die er beide mit dem englischen Ingenieur George Stephenson fuhr. Die erste englische Lokomotive hieß »Komet«, sie fuhr Stephenson; sie war in ihrem äußeren Aufbau betriebssicherer gebaut als die ersten sächsischen Maschinen. Stephenson hielt als erfahrener Ingenieur seine Maschine gehörig unter Dampf und ermunterte den bedächtigeren und kühleren Johann Heinrich Schmidt oft mit den Worten: »Mehr Dampf, Mister Schmidt«. [...] Zu viel Dampf im Kessel der Maschine war bei der damaligen Konstruktion nicht ohne Gefahr, explodierte doch auf dem Gelände bei Gustav Harkort beim Abfahren die Lokomotive »Windsbraut«!

Manchen Führer hat Johann Heinrich Schmidt ausgebildet, der inzwischen seit dem 1. Oktober 1840 Lokomotivführer geworden war und [ab ...] 22. Januar 1841 als erster festangestellter Lokomotivführer der »Eisenbahn-Compagnie« [...] 34 Jahre lang Dienst versah. 1870 feierte er sein 30jähriges Dienstjubiläum. Er war der erste, der bereit war, sich diesem verantwortungsvollen Berufe zeitlebens zu widmen. [...] Am 1. August 1875 wurde er zwangsweise infolge seines vorgerückten Alters mit 65 Jahren pensioniert.

Im nächsten Jahre, 1876, bestieg sein dritter Sohn, der älteste Einwohner und Eisenbahner von Meuselwitz, Heinrich Schmidt, die Lokomotive. Er feierte am 10. April dieses Jahres seinen 85. Geburtstag in völlig geistiger Frische und körperlicher Gesundheit. Er lebt seit mehr als 30 Jahren im Ruhestand; denn er war zweimal dem Tode nahe. Als ein Güterzug auf einer abschüssigen Strecke durch Rauhreif nicht mehr zu halten war, sprang er als Letzter von der Maschine ab; später brach er bei einer Entgleisung mehrere Rippen.

Noch 10 volle Jahre konnte [sein Vater] *Heinrich Schmidt senior sein Ruhegehalt genießen. [...] Am 10. Oktober 1885 trat er die letzte Fahrt an, bei der es keine Zwischenstation und auch keine Rückkehr gibt.*

Leipziger Abendpost, 21. April 1937

Die ersten in Deutschland gebauten Lokomotiven waren in den wichtigsten Teilen den englischen nachgebaut, da man noch nicht auf eigene Erfahrungen zurückgreifen konnte. Viele der ersten Maschinen hatten allerdings nur ein kurzes Leben, denn ihre Konstruktion war nicht ausgereift.

Von der SAXONIA sind lediglich einige technische Einzelheiten bekannt. Ohne Tender wog die Maschine elf Tonnen. Der Durchmesser des Treibrades betrug 1 500 mm. Die Lokomotive erreichte eine Geschwindigkeit von 60 km/h. Sie hatte einen Langkessel mit genieteten Längsnähten, der Stehkessel war zylindrisch und mit einer gewölbten Decke ausgestattet. Der Rahmen bestand aus blechbeschlagenem Holz mit aufgenieteten Achshaltern. Zwei schrägliegende Innenzylinder unterhalb der Achsebenen bildeten das Triebwerk. Die Steuerung aus zwei Exzentern lag auf einer verschiebbaren Buchse, die auf der Treibachse von gegeneinander versetzten Anschlägen für Vor- und Rückwärtsfahrt mitgenommen wurde. Das Laufwerk bestand aus drei beziehungsweise zwei Achsen mit oben liegenden, einzeln angeordneten Federn. Die hintere Laufachse war in den Jahren 1840 bis 1842 ausgebaut worden, wobei der Wunsch nach weniger Reibungsmasse dem nach guten Laufeigenschaften und größerer Sicherheit bei Entgleisungen entgegenstand. Die SAXONIA besaß eine spindelbetätigte Bandbremse, die auf die Oberseite der Treibräder wirkte. Die englischen Loks bremsten zu dieser Zeit nur über den Tender.

Generell gab man in den Gründerjahren der Eisenbahn allen Lokomotiven Namen. SAXONIA wurde mehrfach vergeben. So verlieh man auch einer Hartmann-Maschine 1848 den Namen. Diese Lok wurde 1869 verschrottet. Eine weitere SAXONIA gab es ab 1856.

Die erste SAXONIA hatte kein langes Leben und wurde vermutlich – genaue Angaben existieren leider nicht – 1856 verschrottet. Bemerkenswert ist, daß sie noch bis 1847 im Reservedienst stand, während bereits neun englische Maschinen ausgemustert waren.

Das 150jährige Bestehen der Strecke Leipzig–Dresden war Grund genug, die erste in Deutschland gefertigte Dampflok nachzubauen. Die SAXONIA führte im April 1989 die große Lok- und Wagenparade der Deutschen Reichsbahn in Riesa an.

Die SAXONIA auf dem Dresdener Güterbahnhof, 1990

Man hatte Riesa als Stätte der Feierlichkeiten gewählt, da man weder Leipzig noch Dresden, den Anfangs- und Endpunkten der ersten Fernbahn, einen Vorrang geben wollte.

Der Nachbau der SAXONIA entspricht bis auf Kleinigkeiten dem Original. So mußte zum Beispiel das Sicherheitsventil den heutigen Vorschriften angepaßt werden. Der Schornstein wurde leicht verkürzt, damit er nicht in Kontakt zum Fahrdraht der elektrifizierten Strecken kommen kann.

Der Neubau, der auf Grundlage einer noch vorhandenen Pause vollzogen wurde, grenzt an eine Meisterleistung. Viele Teile konnten nur in handwerklicher Einzelfertigung produziert werden. Problematisch war vor allem, die Detailtreue des Originals zu erreichen.

Die wiedererstandene SAXONIA wurde in Leipzig beheimatet, im Bahnbetriebswerk Leipzig Hauptbahnhof Süd.[79]

Lokomotiven in Sachsen 1835–1846

[Eine Auswahl[80]]

Name der Lokomotive	Baujahr	Erbauer
Leipzig-Dresdner Eisenbahn		
– Columbus	(1835)	Winans
– Comet	(1835)	Rothwell (Bolton)
– Blitz	(1836)	Rothwell (Bolton)
– Windsbraut	(1837)	Rothwell (Bolton)
– Faust	(1837)	Rothwell (Bolton)
– Renner	(1837)	Kirtley (Warington)
– Sturm	(1838)	Kirtley (Warington)
– Elephant	(1838)	Kirtley (Warington)
– William Kirtley	(1838)	Kirtley (Warington)
– Peter Rothwell	(1838)	Rothwell (Bolton)
– Salamander	(1838)	Rothwell (Bolton)
– Edward Bury	(1838)	Bury
– Drache	(1838)	Bury
– Adler	(1838)	Bury
– Pfeil	(1838)	Bury

– Peter Rothwell	(1839) Rothwell (Bolton)
– Salamander	(1839) Rothwell (Bolton)
– Magdeburg	(1839) Rothwell (Bolton)
– Altenburg	(1839) Rothwell (Bolton)
– Simson	(1839) Rothwell (Bolton)
– Nordlicht	(1839) Rothwell (Bolton)
– Renner	(1839) Kirtley (Warington)
– Sturm	(1839) Kirtley (Warington)
– Greif	(1839) Kirtley (Warington)
– Elephant	(1839) Kirtley (Warington)
– Kirtley	(1839) Kirtley (Warington)
– Stephenson	(1839) Stephenson (Newcastle)
– Brüssel	(1842) Société du Renard (Brüssel)
– Pegasus	(1842) Maschinenbaucompagnie (Chemnitz)
– Dresden	(1844) Hawthorn (Newcastle)
– Leipzig	(1846) Hawthorn (Newcastle)
– Riesa	(1846) Hawthorn (Newcastle)

Sächsisch-Bairische Eisenbahn

– Saxonia	(1842) Stephan und Compagnie (Newcastle)
– Bavaria	(1842) Stephan und Compagnie (Newcastle)
– Iris	(1842) Stephan und Compagnie (Newcastle)
– Löwe	(1842) Stephan und Compagnie (Newcastle)
– Hirsch	(1842) Stephan und Compagnie (Newcastle)
– Adler	(1842) Stephan und Compagnie (Newcastle)
– Falke	(1843) Stephan und Compagnie (Newcastle)
– Schwan	(1843) Stephan und Compagnie (Newcastle)
– Tiger	(1843) Stephan und Compagnie (Newcastle)
– Bär	(1843) Stephan und Compagnie (Newcastle)
– Leopard	(1844) Stephan und Compagnie (Newcastle)
– Elephant	(1844) Stephan und Compagnie (Newcastle)

Sächsisch-Schlesische Eisenbahn

– Germania	(1845) Stephenson und Compagnie (Newcastle)
– Dresden	(1845) Stephenson und Compagnie (Newcastle)
– Lusatia	(1845) Stephenson und Compagnie (Newcastle)

- Saxonia (1845) Stephenson und Compagnie (Newcastle)
- Bautzen (1845) Stephenson und Compagnie (Newcastle)
- Stephenson (1845) Stephenson und Compagnie (Newcastle)
- Silesia (1846) Stephenson und Compagnie (Newcastle)
- Radeberg (1846) Stephenson und Compagnie (Newcastle)
- Bischoffswerda (1846) Stephenson und Compagnie (Newcastle)
- Görlitz (1846) Stephenson und Compagnie (Newcastle)
- Löbau (1846) Stephenson und Compagnie (Newcastle)
- Reichenbach (1846) Stephenson und Compagnie (Newcastle)

Werkstätten und ihre Lokomotiven

Alles was rollt, muß gepflegt werden. Bei der Eisenbahn werden Lokomotiven und Wagen getrennt gewartet sowie ausgebessert, und zwar jeweils in ihrer Heimatdienststelle, dem Bahnbetriebswerk (Bw) beziehungsweise dem Bahnbetriebswagenwerk (Bww). Im vergangenen Jahrhundert sprach man noch nicht von einem Bahnbetriebswerk, sondern vom Anheizschuppen oder vom Heizhaus.

Regelmäßige Durchsichten und kleine Reparaturen wurden oder werden hier erledigt, die Fahrtüchtigkeit der Maschinen überwacht und garantiert. Große Reparaturen erfolgen in den Ausbesserungswerken. Seit Jahren werden Lokomotiven für den Streckendienst, also für alle Einsätze im Zugdienst, gebaut. Gefragt und gefordert sind heute hohe Geschwindigkeiten und gewaltige Zugkräfte für schwere Güterzüge. Daneben verrichten Kleinloks leichte Rangierarbeiten, während auf großen Rangier- und Verschiebebahnhöfen stärkere Dieselloks zum Einsatz kommen. Nach dem 2. Weltkrieg begann eine umfassende Wandlung der Antriebsarten – auch Traktionen genannt. Die Dampflok wurde von der Diesel- und später von der E-Lok abgelöst. Zunehmend elektrifizierte man die Hauptlinien, so daß heute nur noch wenige Strecken von Dieselloks oder -triebwagen befahren werden.

Leipzig besitzt zwei Bahnbetriebswerke. Das *Bw Leipzig Hauptbahnhof Süd* ist das älteste Bahnbetriebswerk in Leipzig. Zur Zeit der Gründung nannte man diese Werkstätten Lokbehandlungsanlagen und Lokwerkstätten. Es wurde 1837 unmittelbar an der Strecke Leipzig–Dresden und direkt neben einer Waggonbauanstalt errichtet. Später vergrößerte man das Werk, die Zahl der Loks nahm zu. In den zwanziger Jahren kamen auch preußische Loks und Maschinen der Einheitsbaureihen zum Einsatz. 1936 folgten drei der ersten Schnelltriebwagen der Bauart »Hamburg«, die sogenannten »Fliegenden Hamburger«. Sie waren bis zum Ausbruch des 2. Weltkrieges im Bestand des Bw.

Nach 1945 gehörten die mit Dampf betriebenen Maschinen der Baureihen 86, 74, 55, 94, 38 und eine T3 als Rangierlok zum Bw, 1955 kam die Baureihe 65^{10} hinzu, die später von den Dieselloks der Baureihe V 100 ersetzt wurden. Nach der Ablösung der Dampfloks kamen Maschinen der Reihe V 75, Leichttriebwagen und Dieselloks der Reihen V 15.^{10}, V 60, V 180 und die ersten V 300 zum Bw.

Vor einigen Jahren wurde der einzig erhaltene zweiteilige Triebwagen aus der Serie der »Fliegenden Hamburger« zum Bahnbetriebswerk Leipzig-Süd überführt, hier vollkommen überholt und stationiert. Auch hat hier der Nachbau der ersten deutschen Dampflok, der SAXONIA, seine Heimatdienststelle gefunden.

Das *Bw Leipzig Hauptbahnhof West* wurde 1908 in Betrieb genommen. Die Lokbahnhöfe der Königlich-Preußischen Eisenbahnverwaltung (KPEV) auf dem Thüringer, Magdeburger und Berliner Bahnhof mußten dem neu zu erbauenden Hauptbahnhof weichen. So war man zu dem Entschluß gekommen, als Ersatz eine neue Betriebswerkstatt auf dem Gelände des ehemaligen Berliner Bahnhofes zu errichten. Sie sollte die Schnellzug- und Personenzuglokomotiven der Strecken nach Thüringen, Halle, Berlin und Cottbus aufnehmen.

Jeweils östlich und westlich der Hauptgleise wurde eine Lokomotivbehandlungsanlage mit Halbrund-Lokschuppen angelegt. Der westliche Lokschuppen hatte 22 Stände mit je 20 m Nutzlänge und war für die Thüringer und Eilenburger Loks vorgesehen, der östliche Schuppen sollte die Berliner und Magdeburger Maschinen beherbergen. Von den dortigen 25 Ständen wurden 13 mit 24 m Nutzlänge, also für große Lokomotiven, ausgeführt. Die Anlagen ordnete man als »Betriebswerkstatt Leipzig Hauptbahnhof« der Maschineninspektion – später Maschinenamt – Leipzig zu.

Die Lokomotiven übernahm man von alten Lokbahnhöfen. Es waren preußische Maschinen für den Schnellzugbetrieb (Gattungen S 3, S 4 und S 5.2), für den Personenzugdienst (Gattungen P 3.2 und P 4.2), für den Vorortverkehr (Gattungen T 5.1 und T 9.3) sowie die T 3 für den Rangierdienst. Ab 1911 kamen dreifachgekuppelte Schnellzugloks dazu, ab 1913 die Personenzugmaschinen der Gattung P 8 – alles noch Länderbauarten. Seit 1928 wurden dem Bw dann erstmals neue Einheitsloks der Deutschen Reichsbahn zugeteilt, anfangs die BR 80 für den Rangierdienst, ab 1932 Schnellzugmaschinen der Baureihen 01 und 03.

Für den Einsatz auf den elektrifizierten Strecken kamen 1928 Fernverkehrstriebwagen der Baureihe ET 41 in das Bahnbetriebswerk. E-Loks mit Stangenantrieb waren bereits vorhanden, 1928 und 1929 folgten die Baureihen E 15 und E 16 als Versuchsloks sowie zwölf schwere Schnellzugmaschinen der Baureihe E 17.

Eine sächsische P 8 im Ausbesserungswerk

Ab 1958 wurden nach der Neu-Elektrifizierung der Strecken Leipzig–Halle–Magdeburg und Leipzig–Dessau–Magdeburg wieder E-Loks dem Bw zugeteilt, unter anderem die Baureihen E 04, E 05, E 17, E 18, E 21, E 44 und zwei ET 25. 1962 folgten Neubauloks der Baureihen E 11, E 42 und E 43. Heute sind hier die Museumsloks E 04, E 44 und E 94 beheimatet, während Dampfloks schon seit Jahren nicht mehr im Bestand sind.

Auch heute haben beide Betriebswerke getrennte Aufgabenbereiche. Das *Bw Leipzig Hauptbahnhof West* ist für die E-Loks zuständig, das *Bw Leipzig Hauptbahnhof Süd* für alle Diesellokomotiven und -triebwagen im Leipziger Raum.

Mit der Umgestaltung der Leipziger Bahnanlagen und dem Bau des neuen Hauptbahnhofes entstand im Osten der Stadt

Eine Lokomotive des Typs B 18

der Güterbahnhof Engelsdorf mit einem dazugehörigen Bahnbetriebswerk. Das Bw Leipzig-Engelsdorf wurde am 1. August 1906 seiner Bestimmung übergeben. Es war die Heimat der schweren Güterzuglokomotiven. Vor dem 2. Weltkrieg waren hier 97 Dampf- und drei E-Loks im Bestand. Am 10. April 1945 wurde das Bw durch einen Bombenangriff sehr stark beschädigt. Heute werden im Bw Diesel- und E-Loks gewartet.

In Leipzig-Engelsdorf gibt es zudem ein Ausbesserungswerk. Seit seiner Gründung im Jahr 1905 wurden hier Dampfloks und Personenzugwagen repariert. Zur Zeit der Länderbahnen bis 1920 diente es der sächsischen Eisenbahn, in den späteren Jahren waren hier vorwiegend die Baureihe 38 und verschiedene Personenzug- und Bahndienstwagen beheimatet. Im 2. Weltkrieg schwer beschädigt, wurde das Werk in den sechziger Jahren umstrukturiert. An die Stelle der Dampflokreparatur trat der Neubau gedeckter und anderer Güterwagen. Die Reparatur von Personenwagen wurde durch die der Kesselwagen abgelöst.

Die Gleisanlagen

Die Länge der Gleise des Leipziger Hauptbahnhofes beträgt heute etwa 90 km. Die Anlagen werden von 19 Stellwerken beherrscht: 5 Fahrdienstleiterstellwerken (davon 2 elektromechanische, 1 Gleisbildstellwerk, 1 Vierreihen-Hebelstellwerk, 1 mechanisches Stellwerk mit Lichtsignalen), 13 Wärterstellwerken (5 elektromechanische, 6 mechanische, 2 Vierreihen-Hebel-Stellwerke), 1 Handweichenposten. Das größte und bedeutendste Stellwerk ist das B 3. Anstelle des ursprünglichen, Anfang der dreißiger Jahre abgerissenen Brückenstellwerks steht heute ein T-Stellwerk zur Verfügung.

Fast 400 Weichen, 64 Lichthauptsignale und 119 Rangiersignale sichern ein reibungsloses Aus- und Einfahren sowie die Bereitstellung der Züge.

Elektrischer Zugbetrieb

Die erste gebrauchsfähige E-Lok stellte Werner von Siemens im Jahr 1879 auf der Berliner Gewerbeausstellung aus. Auf einem 300 m langen Rundkurs zog sie drei Wagen, auf denen jeweils sechs Personen Platz fanden. Damals wurde der Beweis erbracht, daß sich der elektrische Antrieb für Schienenfahrzeuge eignet. Vorher hatte es kaum bemerkenswerte Versuche mit elektrischen Fahrzeugen gegeben. Erst die nach der bahnbrechenden Entdeckung des dynamoelektrischen Prinzips im Jahr 1866 durch Werner von Siemens einsetzende Entwicklung des Elektromaschinenbaus führte über zahllose Experimente zum Elektroantrieb. 1867 entwickelte Ladd die erste Gleichstrom-Dynamomaschine, 1872 folgte die erste von Gramme konzipierte Wechselstrommaschine.

1878 führte Siemens in einem Bergwerk erste Versuche mit einer Lokomotive durch. Die Anwendung des Hauptstromprinzips, also die Feld- und Ankerwicklung in Reihenschaltung, hat sich bewährt und ist bis in die heutigen Tage vorherrschend bei elektrischen Triebfahrzeugen. Dennoch ist der Übergang auf die Drehstrom-Antriebstechnik zu erwarten.

Um die erste Eisenbahn wurde genauso gestritten wie um die Fahrleitung der elektrischen Bahn. Der Einphasen-Wechselstrom mit 15 Kilovolt bei $16^2/_3$ Hertz hat sich durchgesetzt und wird noch heute in Deutschland verwendet.

Elektrotechnisches Jubiläum bei der Reichsbahn

Von Dipl.-Ing. H. Tetzlaff, Halle (Saale).

Am 18. Januar 1936 sind 25 Jahre verflossen, seit zum ersten Male in Deutschland eine elektrische Lokomotive die bis dahin ausschließlich den Dampflokomotiven vorbehaltenen Eisenbahnzüge beförderte. Dies geschah auf der Strecke Dessau–Bitterfeld im Bereich der Mitteldeutschen Braunkohlenindustrie. Diese lieferte den Brennstoff zu einem ausreichend niedrigen Preise, wie er angesichts der sonstigen baulichen Aufwendungen: Elektrizitätswerke, Fahrleitungen, Umspannwerke usw. für den wirtschaftlichen Erfolg notwendig ist. Daher wählten die damaligen Kgl. Preußischen Staatsbahnen zur Erprobung der Elektrizität im Fernbahnwesen das Bitterfelder Braunkohlengebiet. Eine lebhaft befahrene Strecke eignet sich aus den gleichen wirtschaftlichen Erwägungen besonders zur Elektrifizierung. Der Gesamtplan wurde also für den Streckenring Leipzig–Dessau–Magdeburg–Köthen–Halle–Leipzig aufgestellt. Schon nach einjähriger Bauzeit fand die erwähnte Betriebseröffnung statt. Wäre nicht 1914 der Weltkrieg diesen Arbeiten in den Arm gefallen und hätte nicht die Inflationszeit und der frühere wirtschaftliche Niedergang Deutschlands viele Unternehmen dieser Art fast völlig zum Stillstand gebracht, so wäre der ganze Plan wohl sicherlich schon seit 20 Jahren vollendet worden. So aber mußte man bei Kriegsausbruch den elektrischen Betrieb stillegen, das Leitungskupfer abbauen und die bis dahin fertiggestellten elektrischen Lokomotiven größtenteils nach anderen Teilen Deutschlands weggeben. Erst 1921 konnte man nach und nach den Betrieb um die Stammstrecke Dessau–Bitterfeld herum wieder aufbauen. Das letzte Stück des Streckenringes zwischen Halle und Magdeburg, welches verkehrsmäßig am stärksten belastet ist und daher den elektrischen Betrieb am meisten lohnt, konnte erst nach zehnjähriger Pause ausgebaut werden. [...] *So bildete erst der 6. Oktober 1934 den Abschlußtag des gesamten Werkes, an dem der elektrische Zugverkehr über den ganzen Ring durchgeführt wurde.*

[...] *Die gesamte Fahrdrahtlänge über den elektrisierten Gleisen beträgt 1017 km, während die Streckenlänge nur 287 km erreicht. Die im Verhältnis zur Streckenlänge ungewöhnlich große, mit Fahrdraht versehene Gleislänge ist eine Folge der Verkehrsbedürfnisse dicht angesiedelter Industrie- und Handelsunternehmungen in dieser Gegend, denen auch eine hochentwickelte Landwirtschaft zur Seite tritt.* [...] *Der elektrische Fahrzeugpark begann mit einer Anzahl verschiedenartig ausgeführter Versuchslokomotiven und entwickelte sich nach und nach zusammen mit den sonstigen elektrisch betriebenen Hauptbahnanlagen Deutschlands zu einer gewissen Einheitlichkeit und vor allem zu immer mehr gesteigerten Leistungsfähigkeiten. 1935 befuhren 85 elektrische Lokomotiven und 7 Triebwagen dieses Netz.*

Nur noch wenige Jahre wird es dauern, dann bilden die beiden Strecken zwischen Leipzig und Magdeburg nicht mehr eine elektrisch betriebene Verkehrsinsel. Schon sind die Bauarbeiten zur Elektrifizierung der Hauptbahnverbindung Leipzig– und Halle–Nürnberg begonnen worden. Dadurch wird der um die Urzelle Dessau–Bitterfeld gruppierte elektrische Reichsbahnbetrieb mit dem ausgedehnten bayrischen elektrischen Bahnbetrieb verbunden und darüber hinausgehende Pläne führen die elektrische Lokomotive in absehbarer Zeit bis Berlin.

Leipziger Neueste Nachrichten, 17. Januar 1936

Eine E 05 in Leipzig, 1936

Am 29. März 1946 stellte man den gesamten elektrischen Zugbetrieb in der damaligen sowjetischen Besatzungszone ein, demontierte die Fahrleitungen, lieferte die Loks, soweit noch vorhanden, als Reparationsleistungen an die damalige Sowjetunion. Diese E-Loks sind aber nie in ihren Bestimmungsorten umgebaut oder gar eingesetzt worden. Sie standen viele Jahre nutzlos an der Grenze zwischen Polen und der ehemaligen Sowjetunion und verrotteten. Die Fahrleitungen, die Masten, Schalteinrichtungen und alle anderen zum Betreiben einer elektrifizierten Eisenbahn nötigen Dinge waren abgebaut. Die Dampflokzeit feierte ihre Wiedergeburt. So wurden in den fünfziger Jahren sogar neue »Dampfer« gebaut und ältere Baureihen modernisiert. Diese gingen als Reko-Loks in die Geschichte der Eisenbahn ein (Reko = rekonstruiert, modernisiert). Erst mit dem Bau neuer Diesellokomotiven kündigte sich das Ende der Dampflokzeit an. In Hennigsdorf entstanden ab 1963 moderne, den Bedingungen der Deutschen Reichsbahn angepaßte Loks für alle Zugarten. Die V 180 zog S-Bahnen im

Berliner Außenverkehr, sie wurde vor Fernschnellzügen, im Eil- und im Personenzugdienst sowie vor Güterzügen eingesetzt.

Ende der fünfziger Jahre begann das 2. Elektrifizierungsprogramm für die Deutsche Reichsbahn. 1956–58 wurde in Leipzig die Westseite und 1959–61 die Ostseite des Hauptbahnhofes mit Fahrdraht bespannt. So waren im Bahnbetriebswerk Leipzig Hauptbahnhof West bald wieder Altbau-E-Loks zu sehen.

Die wiederelektrifizierte Strecke Bitterfeld–Leipzig wurde am 9. Juni 1958 mit einer E 18 eröffnet. Heute führt die Streckenelektrifizierung im Raum Leipzig in fast alle Richtungen, so nach Dresden, Bitterfeld, Halle/Magdeburg, Weißenfels/Erfurt und Cottbus.

Die Leipziger S-Bahn

Ende der sechziger Jahre sahen sich die Stadtväter Leipzigs gezwungen, nach neuen Verkehrslösungen zu suchen. Der Autoverkehr nahm ständig zu, neue Stadtbezirke entstanden, Leipzig wurde als Handels-, Wirtschafts- und als kulturelles Zentrum weiter ausgebaut. Man entschloß sich deshalb, eine S-Bahn einzuführen.

Unter Nutzung bereits vorhandener Eisenbahnstrecken wurde das Projekt vorangetrieben. Seit 1969 ist die S-Bahn ein unverzichtbarer Bestandteil des öffentlichen Personennahverkehrs. Vom Hauptbahnhof aus führt sie als Ringbahn durch verschiedene Stadtbezirke sowie seit einigen Jahren ins Umland.

Den Vorläufer der S-Bahn in Leipzig stellte die Schnellverbindung vom Hauptbahnhof zum Gelände der Technischen Messe dar, die am 3. März 1968 eröffnet wurde. Am 12. Juli 1969 nahm die erste S-Bahn-Linie mit einer Streckenlänge von 36,4 km den Betrieb auf. Die Trasse verlief über Connewitz nach Markkleeberg und führte von da über Plagwitz zurück zum Hauptbahnhof. 108 Zugfahrten im Rhythmus von 20 Minuten bewältigten sieben Züge, die mit Lokomotiven der Baureihe E 42 bespannt waren, an jedem Werktag. Bestand der

Eröffnungszug der S-Bahn

Wagenpark anfangs aus vierachsigen Reisezugwagen aus Bautzener Produktion von 1954 (erste Neubau-Schnellzugwagen der Deutschen Reichsbahn), so wurden diese bis 1987 durch Doppelstockwagen, die heute auf allen Linien verkehren, ersetzt. Seit einigen Jahren sind Eloks der Baureihe 143 im Einsatz. Der in der zweiten Hälfte der siebziger Jahre für die S-Bahn konzipierte E-Triebwagen der Baureihe 280 genügte in keinem Fall den Anforderungen und kam aus der Erprobung nicht heraus.

Am 16. Mai 1974 folgte die Linie B nach Wurzen mit einer Streckenlänge von 25 km. 1976 baute man die Linie C nach Grünau – vorerst eingleisig, ehe 1984 der zweigleisige Betrieb begann. Anfang der neunziger Jahre wurde die Linie A, die ursprünglich als Ringbahn ausgelegt war, in der Trassenführung verändert und in zwei Strecken unterteilt. Sie verkehrt heute als S 1 von der Miltitzer Allee in Leipzig-Grünau über Hauptbahnhof nach Borna, während die S 2 von Gaschwitz

S-Bahn mit Doppelstockwagen, 1994

über Leipzig-Plagwitz zur Miltitzer Allee führt. Die Linie B verbindet als S 3 weiterhin den Leipziger Hauptbahnhof mit Wurzen.

Alle Strecken haben bis auf die Strecke Plagwitz–Miltitzer Allee kein gesondertes Gleisnetz, sondern verkehren auf auch für den sonstigen Zugbetrieb zur Verfügung stehenden Gleiskörpern.

Züge besonderer Art

Als 1936 der erste *»Fliegende Hamburger«* vom Hauptbahnhof Leipzig auf der Strecke Dessau–Magdeburg–Eilsleben–Braunschweig – Hannover – Bremen – Wesermünde/Bremerhaven bzw. Hannover–Köln mit einer Höchstgeschwindigkeit von 160 km/h eine Reisegeschwindigkeit von 122 bzw. 119 km/h erreichte, gehörte er zu den herausragenden Zügen seiner Zeit. Die dieselgetriebenen Schnelltriebwagen waren

Der »Fliegende Hamburger«

fast immer ausverkauft, entsprachen doch die kurze Fahrzeit und der Fahrkomfort den Wünschen und Vorstellungen der Reisenden. Mit Ausbruch des 2. Weltkrieges wurden die Züge jedoch von Leipzig abgezogen, Dieselkraftstoff brauchte man für andere Zwecke. Heute steht wieder ein solcher SVT (Schnelltriebwagen mit Verbrennungsmotor) im Bw Leipzig Hauptbahnhof Süd und wird für Sonderfahrten eingesetzt.

Ab 1963 schaffte sich die Deutsche Reichsbahn vom Waggonbau Görlitz vierteilige dieselgetriebene Schnelltriebwagen für die Strecken Berlin–Gedser, Berlin–Wien und Berlin–Leipzig–Karlsbad an. Diese Züge waren für Geschwindigkeiten bis 160 km/h ausgelegt. Sie hatten eine windschnittige Form und den damals höchsten Komfort. Dem *»Karlex«*, so der Name des Zuges Berlin–Leipzig–Karlsbad, konnten bis zu vier Mittelwagen beigestellt werden. Dabei verringerte sich allerdings die Höchstgeschwindigkeit auf 140 km/h. In den Sommermonaten wurden zum Teil zwei derartige Züge gekoppelt gefahren. In den achtziger Jahren zog man diese Triebwagen aus dem Verkehr. Der letzte derartige Zug wurde zum »Jugendklubzug« umgebaut. Er diente diesem Zweck bis 1989. Heute steht er – wieder als Reisetriebzug umgebaut – für Sonderfahrten im Raum Berlin zu Verfügung.

Der »Karlex«

Im Jahre 1922 wurden zwischen Leipzig und Halle sowie zwischen Leipzig und Bitterfeld die ersten elektrischen Wechselstrom-Schnelltriebwagen eingesetzt. 1928 fuhren die Züge dann über Bitterfeld hinaus bis Magdeburg. Sie erreichten eine Geschwindigkeit bis 120 km/h und verkehrten als Schnell- und Eilzüge.

Der ET 25 fuhr zwischen Leipzig und Magdeburg

Ab 1928 fuhren die ersten elektrischen Ferntriebwagen der Baureihe *ET 41* im Schnellverkehr zwischen Leipzig und Halle. Ohne Halt schafften diese Triebzüge, die mit Steuer- und Beiwagen ausgestattet waren, die knapp 38 km in 29 Minuten. Nach dem Krieg stand nur noch einer dieser Triebzüge zur Verfügung. Er wurde ausgemustert, da der elektrische Zugverkehr bei der Deutschen Reichsbahn eingestellt werden mußte.

Der ET 41

Der Orient-Express, bespannt mit einer Reko-01 in Leipzig

Der legendäre *Orient-Express* fuhr im planmäßigen Verkehr nie über Leipzig. Dennoch steuerte der nach seiner Privatisierung und Rekonstruktion durch ein schweizer Unternehmen in seiner Art einmalige Zug auf seiner Fahrt durch verschiedene Städte Europas auch die sächsische Messemetropole an. Seit Mitte der achtziger Jahre kam er in der Vorweihnachtszeit auch durch Leipzig. Das Ziel der Reisenden war jedoch Dresden. Zwar wurden diese von der Schweiz aus organisierten Sonderfahrten geheim gehalten, aber die Eisenbahnfreunde fanden stets einen Weg, die Ankunftszeit im Leipziger Hauptbahnhof zu erfahren. Eine Besonderheit bestand darin, daß der Orient-Express auf dem Gebiet der Deutschen Reichsbahn vorwiegend von zwei Dampflokomotiven gezogen wurde.

Eine besondere Art Schnellzüge stellten die Städte-Express-Züge in den siebziger und achtziger Jahren dar. Die elfenbeinorangefarbene Bahnen verkehrten zwischen den Bezirksstädten der DDR und Berlin an Werktagen früh und abends. Sie bestanden aus Wagen 1. und 2. Klasse und einem kleinen Speisewagen der Bauart »Halberstadt«. Der *»Städte-Ex«* sollte für Dienstreisende eine schnelle Verbindung zur DDR-Hauptstadt bieten. Die Züge waren platzkartenpflichtig und erforderten einen gesonderten Zuschlag. Ohne Zweifel wurde damit eine bessere Qualität des Reisens erreicht, doch konnte kaum ein Zeitgewinn gegenüber normalen Schnellzügen erzielt werden. Für den Bereich der Deutschen Reichsbahn war eine Höchstgeschwindigkeit von 120 km/h festgeschrieben. Es gab folglich auch keine Lokomotiven, die schneller fahren konnten – ausgenommen einige wenige Maschinen, die als Traditionsloks eingestuft waren, und die in Görlitz gebauten SVT. Die kürzeren Fahrzeiten ergaben sich folglich vor allem durch weniger Unterwegshalte.

Über Leipzig fuhr ein solcher Express-Zug von Gera nach Berlin, später folgte ein weiteres Zugpaar von Zwickau über Leipzig nach Berlin.

Behinderungen des Zugverkehrs

Zu Zeiten der DDR wurden die Eisenbahnstrecken sehr stark beansprucht. 75 Prozent des gesamten Güterverkehrs rollten über die Schiene. Dies führte nicht nur zu engen Zugfolgen, sondern auch zu Schwierigkeiten, nötige Reparaturen an den Gleisen fachgerecht und gründlich durchzuführen. Baustellen drohten den Fahrplan durcheinanderzubringen. Andererseits hatte der schlechte Zustand der Gleisanlagen zur Folge, daß viele Strecken nur mit verminderter Geschwindigkeit befahren werden konnten. Hinzu kam, daß zeitweise Schwellen verlegt wurden, die innerhalb weniger Monate Alkalischäden aufwiesen, zerfielen und schließlich ersetzt werden mußten. 8 000 km Gleise waren betroffen.

Ein Blick in die Zukunft

Früher war ein Bahnhof das Tor zur Stadt, aber auch zur Ferne. Diese Faszination ging in den letzten Jahren mehr und mehr verloren. Bahnhöfe sind längst nicht mehr ein in sich stimmiges und doch buntes Ganzes. Während früher der Bahnhof ein zentraler Ort in jeder Großstadt war, von dem aus der Hauptteil des Reiseverkehrs abgewickelt wurde, muß im Zeitalter des Individualverkehrs die Bahn Anreize schaffen, wieder ihre Angebote anzunehmen. Diese Aufgabe stellt sich besonders nach der Vereinigung der beiden deutschen Bahnen zur Deutschen Bahn AG (DBAG).

Das Konzept für die Veränderung des Leipziger Hauptbahnhofes liegt bereits auf dem Tisch. Er soll in Zukunft die kundenfreundliche Visitenkarte der DBAG und der Stadt werden.

Für die Neugestaltung schrieb im Frühjahr 1994 die »Bahnhof Management- und Entwicklungsgesellschaft« (BME) einen Wettbewerb aus. 39 Arbeiten wurden eingereicht. Das Ziel war klar umrissen: die Umgestaltung des Hauptbahnhofes in ein hochwertiges Dienstleistungs- und Servicezentrum. Sieger wurde das Düsseldorfer Architekturbüro »Hentrich-Petschnigg & Partner«, da es laut Jury die ideale Verknüpfung zwischen Bahnhof und Stadtzentrum vorlegte.

Der imposante Bau des Hauptbahnhofes wird seinem Ruf als schönster und größter Kopfbahnhof Europas in den nächsten Jahren weiter vollauf gerecht werden. Die einzigartige Architektur des aus Stein, Stahl und Glas zusammengesetzten Gebäudes soll in seiner äußeren Form gänzlich erhalten bleiben.

Etwa 300 Millionen Mark werden in die Modernisierung investiert. Geplant sind u. a.:

- Serviceeinrichtungen der Bahn wie ein Reisezentrum und eine separate Information für Reisende,
- Kongreß- und Tagungsräume,
- gastronomische Einrichtungen aller Art, vom Café über das Bistro, den Schnellimbiß, kleine Bars bis zum Nobelrestaurant,

- Geschäfte für den Reisebedarf, für Geschenkartikel, Schmuck, modische Textilien und Bekleidung; Parfümerien, Buchhandlungen und Zeitungskioske,
- Lebensmittelfachgeschäfte,
- Dienstleistungen wie Arztpraxen, Steuerberater- und Anwaltskanzleien, Versicherungenvertretungen, Banken, Reisebüros,
- Serviceleistungen wie Reinigungen, Friseure, Schlüsseldienste, Schuhreparaturen,
- allgemeine öffentliche Einrichtungen wie Post und Telekom, Polizei und Sicherungsdienste,
- ausreichend Parkplätze, besonders für Geschäftsreisende.

Laut Bahnhofs-Manager Wolfgang Mederake wird der Umbau bis 1997 abgeschlossen sein. Dann »soll sich unser Hauptbahnhof wieder als schönster deutscher Bahnhof präsentieren. Es müssen aber alle mitspielen – die am Bau beteiligten Betriebe und Firmen, die Stadt selbst, der Denkmalschutz usw. Ich denke aber, daß alle Beteiligten ihr Bestes geben werden.«

So umfassende Baumaßnahmen im und vor dem Bahnhof bringen Erschwernisse mit sich. Die Hauptarbeiten werden im Bereich des Querbahnsteiges und in der darunter liegenden Ebene erfolgen. Voll klimatisierte Passagen sollen entstehen, Läden und Räume für die oben genannten Vorhaben. Der Einbau von Fahrtreppen sowie Aufzügen für Rollstuhlfahrer ist vorgesehen.

Man kann sich vorstellen, daß zukünftig Auskunftscomputer über Angebote der DBAG, der Stadt, der Kulturszene sowie des Hotel- und Gaststättengewerbes informieren – und zwar in mehreren Sprachen.

Leipzig als Drehscheibe des Eisenbahnverkehrs in Deutschland und in der Mitte Europas verlangt auch die Anbindung an das ICE-Netz. Sechs Gleise an drei Bahnsteigen werden dafür vorbereitet. Angedacht ist, die Gleise 10 bis 15 völlig neu zu gestalten, diese auf mehr als 400 m zu verlängern, zu überdachen sowie mit neuen Anzeigern und kundenfreundlichen Piktogrammen zu versehen. An mehreren, gut sichtbaren Stellen werden zudem die bisher nicht vorhandenen großen Anzeigetafeln angebracht.

Der ICE im Hauptbahnhof Leipzig

Einen weiteren Schwerpunkt bildet die S-Bahnlinie zum Bayrischen Bahnhof und darüber hinaus. Zur Zeit laufen hier die Untersuchungen zur Trassierung. Vermutlich wird dieses Projekt erst um die Jahrtausendwende verwirklicht werden können.

Umfangreiche Modernisierungen sind auch im technischen Bereich des Hauptbahnhofes vorgesehen. Ein neu zu errichtendes elektronisches Stellwerk wird in den kommenden Jahren die alten Stellwerke ablösen. Vorher sind umfangreiche Arbeiten am Gleisnetz des Bahnhofs nötig. Letzteres muß zum einen auf die Anbindung an das ICE-Netz vorbereitet werden, zum anderen sind die komplizierten Anlagen für den elektronischen Schaltbetrieb zu errichten.

Die gewaltigen Umbauten sind jedoch nicht nur auf den Bereich innerhalb des Bahnhofes beschränkt. An der Ostflanke wird in Abstimmung mit der Stadt Leipzig ein Intercity-Hotel entstehen. Die Gleisanlagen der Straßenbahn sollen näher an das Hauptgebäude herangerückt werden, so daß der Reisende unter einem Schutzdach direkt – ohne Straßenüberquerung oder Benutzung eines Fußgängertunnels – in den Bahnhof gelangen kann. Die Taxistände werden dann von ihrem jetzigen Standort vor dem Mittelbau unmittelbar an den Ost- beziehungsweise Westausgang verlegt.

Noch befindet sich manches in der Planungsphase, fest steht jedoch, daß der Hauptbahnhof Leipzig künftig modernen Ansprüchen gerecht werden wird.

Anhang

Anmerkungen

[1] Müller, H.-H. / Rook, H. J.: Herkules in der Wiege, Leipzig/Jena/Berlin 1980, S. 148.
[2] Paul Daehne in Naumann, E. (Hrsg.): Die Hauptbahnhofswirtschaft in Leipzig in Wort und Bild, Leipzig 1915, S. 5.
[3] Pleticha, H. (Hrsg.): Deutsche Geschichte – Band 9. Von der »Restauration bis zur Reichsgründung 1815–1871«, Gütersloh 1993, S. 134.
[4] Heindle, G./Higatsberger, Michael: Dem Ingenieur ist nichts zu schwer, oder Technik und Industrie in Anekdoten, Gütersloh 1991, S. 33ff.
[5] Paul Daehne, a.a.O., S. 6.
[6] ebd., S. 7.
[7] Forberger, R.: Industrielle Revolution in Sachsen 1800–1861 – Band 1/1, Berlin 1982, S. 1.
[8] Wieck, F. G.: Die Manufaktur- und Fabrikindustrie des Königreich Sachsen, Leipzig 1845, S. 212.
[9] ebd., S. 55.
[10] ebd., S. 55f.
[11] Vgl. Forberger, R., a.a.O. – Band 1/2, S. 3–203.
[12] Weber, R.: Sachsen im Übergang zum Kapitalismus und im Revolutionsjahr 1830; in: Sächsische Heimatblätter 3/1984, S. 113.
[13] Martin, R.: Jahrbuch des Vermögens und Einkommens der Millionäre im Königreich Sachsen, Leipzig 1912.
[14] Bartel, H. u.a. (Hrsg.): Deutsche Geschichte – Band 4. Die bürgerliche Umwälzung von 1789 bis 1871, Berlin 1984, S. 216.
[15] Robert Krause; in: Allgemeine deutsche Eisenbahnerzeitung 6/1887
[16] Pönicke, H.: Sachsens Entwicklung zum Industriestaate (1830–1871), Dresden 1934, S. 18.
[17] List, F.: Aufruf an unsere Mitbürger in Sachsen die Anlage einer Eisenbahn zwischen Dresden und Leipzig betreffend, Leipzig 1834, S. 15.
[18] List, F.: Über ein sächsisches Eisenbahnsystem und insbesondere über die Anlegung einer Eisenbahn von Leipzig nach Dresden, Leipzig 1833. Zitiert nach Schulze, F.: Die ersten deutschen Eisenbahnen Nürnberg-Fürth und Leipzig-Dresden, Leipzig 1917, S. 31f.
[19] Leipziger Neueste Nachrichten, 7. April 1939.
[20] Leipzig und seine Bauten, 1892, S. 654.
[21] Rehbein, E.: Die ökonomische Bedeutung der Leipzig-Dresdner Eisenbahn von ihren Anfängen bis zum Jahr 1945; in: Sächsische Heimatblätter 2/1989, S. 53.

[22] Wiedemann, A.: Die Sächsischen Eisenbahnen, Leipzig 1902, S.125f.
[23] Rothe u.a.: Die Umgestaltung der Leipziger Bahnanlagen durch die Preußische und die Sächsische Staatseisenbahnverwaltung; In: Zeitschrift für Bauwesen 1921, S. 172.
[24] Rothe u.a. (1921), a.a.O., S. 175.
[25] Vgl. Rothe u.a. (1921), a.a.O., S. 176.
[26] Heinrich: Der neue Hauptbahnhof in Leipzig, mit besonderer Berücksichtigung der preußischen Anlagen; in: Glasers Annalen für Gewerbe und Bauwesen, 15.01.1906, S. 22.
[27] Vgl. Heinrich, a.a.O., S. 23.
[28] Das Normal-Bahnhofsprojekt des Prof. Rincklake; in: Illustrierte Zeitung, 14. April 1888, S. 382f.
[29] Zur Leipziger Bahnhofsfrage; in: Deutsche Bauzeitung, 20. Juni 1891, S. 294.
[30] ebd., Lageplan Abbildung 2.
[31] Deutsche Bauzeitung 1909, S. 259.
[32] Neumeister. A. (Hrsg.): Deutsche Konkurrenzen, Leipzig 1907, Heft 1, S. 1.
[33] Hofmann, A.: Der Wettbewerb zur Erlangung von Entwürfen für das Empfangsgebäude des neuen Hauptbahnhofes Leipzig; in: Deutsche Bauzeitung, 20. Juli 1907, S. 405.
[34] Deutsche Konkurrenzen, a.a.O., S. 6f.
[35] Wettbewerb für Entwürfe zum Empfangsgebäude auf dem neuen Hauptbahnhof Leipzig; in: Zentralblatt der Bauverwaltung, 15. Januar 1907, S. 328.
[36] Deutsche Konkurrenzen, a.a.O., S. 48.
[37] Berger, M.: Hauptbahnhof Leipzig, Berlin 1990, S. 58.
[38] Hofmann, A., a.a.O., S. 378.
[39] ebd., S. 407.
[40] Rothe u.a.: Die Umgestaltung der Leipziger Bahnanlagen; in: Zeitschrift für Bauwesen 1922, S. 39.
[41] Kühn, P.: Der neue Leipziger Hauptbahnhof; in: Reclams Universum 1912, S. 1192.
[42] Rothe (1921), a.a.O., S. 39.
[43] Kleinpaul, J.: Der Leipziger Hauptbahnhof; in: Der Industriebau 1912, S. 153.
[44] Glasers Annalen für Gewerbe und Bauwesen, 2/1906, S. 44.
[45] Vgl. Rothe (1921), a.a.O., S. 40.
[46] Rothe (1921), a.a.O., S. 41f.
[47] ebd., S. 44.
[48] Mackowsky: Der neue Hauptbahnhof in Leipzig; in: Der Baumarkt 1912, Nr. 12, S. 4.
[49] Leipziger Neueste Nachrichten, 2. Februar 1910
[50] Vgl. Gehler, W.: Querbahnsteighalle in Eisenbeton für den Hauptbahnhof in Leipzig. Vortrag, gehalten auf der XV. Hauptversammlung

des Deutschen Beton-Vereins 1912 zu Berlin; in: Deutsche Bauzeitung, Mitteilungen über Zement, Beton- und Eisenbetonbau 9/1912, S. 66.

51 Vgl. Kögler, F.: Die Hallen des Hauptbahnhofes in Leipzig; in: Armierter Beton 5/1912, S. 134.

52 Vgl. Feuerstein, T.: Das wirtschaftliche Gefüge der Eisenbetonunternehmung, Aachen 1919, S. 88.

53 Kraus/Dischinger: Handbuch für den Eisenbetonbau – Band VI, Berlin 41918, S. 14.

54 Gehler, a.a.O., S. 68.

55 ebd., S. 69.

56 Gehler, a.a.O., S. 73.

57 Kögler, a.a.O., S. 140.

58 ebd.

59 Vgl. Bach, C.: Versuche über die Elastizität von Beton; in: VDI-Zeitschrift 39/1895 – 17, S. 489ff.

60 Hüser, A.: Eisenbetonbau oder Eisenbau?; in: Deutsche Bauzeitung, Mitteilungen über Zement, Beton- und Eisenbetonbau 7/1910 – 14, S. 54.

61 Vgl. Rothe u.a. (1921), a.a.O., S. 75.

62 Vgl. Rothe u.a.; in: Zeitschrift für Bauwesen 72/1922, S. 147.

63 ebd., S. 145f.

64 Rothe u.a. (1921), a.a.O., S. 272.

65 ebd., S. 285. Vgl. auch Haufe: Stellwerk aus Eisenbeton auf dem Hauptbahnhof Leipzig; in: Zentralblatt der Bauverwaltung, 27. März 1915, S. 162ff.

66 von Erler: Die Untergrundbahn im Bereiche des Hauptbahnhofes Leipzig; in: Beton und Eisen, Heft 1/1920, S. 1.

67 Rothe u.a. (1922), S. 152.

68 Vollendung des Hauptbahnhofes in Leipzig; in: Zentralblatt der Bauverwaltung, 11. Dezember 1915, S. 655.

69 Groehler, O.: Verwundungen, Leipzig 1994, S. 30ff.

70 Stolze, O.: Der Leipziger Hauptbahnhof, Maschinenmanuskript 1963, S. 4.

71 Leipziger Volkszeitung, 18. Oktober 1959.

72 Sächsisches Tageblatt, 6./7. Oktober 1984.

73 Leipziger Volkszeitung, 6. Mai 1962.

74 Richter, G./Wiegler, S.: Der Wiederaufbau des Leipziger Hauptbahnhofs; in: Deutsche Eisenbahntechnik, Februar 1958, S. 53.

75 Schmidt, G.: Der Wiederaufbau des Leipziger Hauptbahnhofs – Der Wiederaufbau der Querbahnsteighalle; in: Deutsche Eisenbahntechnik, Februar 1961.

76 ebd., S. 64.

77 Richter, G.: Der Wiederaufbau des Leipziger Hauptbahnhofes; in: Deutsche Eisenbahntechnik, November 1959, S. 533.

[78] Schnabel, H.: Saxonia – Beschreibung und Rekonstruktion einer historischen Lokomotive, Berlin 1989, S. 11.

[79] Nach Gründung der Deutschen Bahn AG 1994 erhielten die Bahnbetriebswerke andere Bezeichnungen. Wir führen aber im vorliegenden Buch die alten Bezeichnungen, da diese doch bekannter sind.

[80] Zu Lokomotiven 1835 – 1838 vgl. Schnabel, H.: Saxonia – Beschreibung und Rekonstruktion einer historischen Lokomotive, Berlin 1989, S. 15f. Zu Lokomotiven ab 1839 vgl. Hülße / Kodo: Die Dampfmaschinen im Königreich Sachsen, Leipzig 1847, S. 52.

Bei der Zusammenstellung der Beiträge aus Leipziger Zeitungen wurde teilweise auf Forschungsarbeiten von Studenten der ehemaligen Technischen Hochschule Leipzig, Sektion Bauingenieurwesen, zurückgegriffen.

Auswahl wichtiger Literatur

Autorenkollektiv: Betriebschronik 50 Jahre Bahnbetriebswerk Engelsdorf, Leipzig 1956

Autorenkollektiv: Betriebschronik 75 Jahre Reichsbahnausbesserungswerk Leipzig, Leipzig 1980

Autorenkollektiv: Betriebschronik 75 Jahre Bahnbetriebswerk Leipzig Hauptbahnhof West, Leipzig 1983

Autorenkollektiv: Betriebschronik 150 Jahre Bahnbetriebswerk Leipzig Hauptbahnhof Süd, Leipzig 1986

Bayer, Rolf/Sobek, Gerd: Der Bayerische Bahnhof in Leipzig, Berlin 1985

Becher, Udo: Die Leipzig-Dresdner Eisenbahn-Compagnie, Berlin 1981

Berger, Manfred: Historische Bahnhofsbauten – Bd. 1, Berlin 1980

Borchert, F. (Hrsg.): Die Leipzig-Dresdner Eisenbahn, Berlin 1989.

Frommhold, H.: Bauwörterbuch, Düsseldorf 1967

Hülle, Siegfried/Wönckhaus, Volker: 75 Jahre Leipziger Hauptbahnhof, Leipzig 1989

Näbrich, Fritz/Meyer, Günter/Preuß, Reiner: Lokomotiv-Archiv – Sachsen 1, Berlin 1984

Programmheft Bahnhofs- und Volksfest in Riesa, Berlin 1989

Schuchardt, Albert: 50 Jahre Leipzig-Hauptbahnhof, Berlin 1965

Steiger, E./ Busch, F. (Hrsg.): Meyers Taschenlexikon Bautechnik, Leipzig 1976

Zschech, Rainer: Triebwagenarchiv, Berlin 1966

Weitere Literatur findet sich im Anmerkungsteil.

Erläuterung von Fachbegriffen

Auflager
Fläche von Bauwerksteilen und Bauelementen, die Lasten aus aufliegenden Balken, Rahmen, Bindern, Platten u.a. aufnimmt und überleitet. Bei Gewölbe und Bogenkonstruktionen spricht man vom Widerlager.
Zwischen Konstruktionsgliedern, die großen Längenänderungen unterworfen sind, und ihrem Auflager wird ein Lager (beweglich) angebracht.
Hauptbahnhof: bewegliche Lager = Rollenlager, feste Lager = bis zu über 2 m hohe Stahlbetonquader.

Baulos
Teil einer Bauleistung. Umfangreiche Bauleistungen werden in gewissen Fällen in Lose (Teillose) geteilt und nach diesen den verschiedenen Unternehmen vergeben.

Bewehrung (früher: Armierung)
Stahleinlage für Beton und Mauerwerk, vor allem zur Aufnahme von Zugkräften im Bauteil. Bei *kreuzweiser* Bewehrung von Betonbauteilen sind die Stahleinlagen rechtwinklig zueinander angeordnet.

Binder
tragendes Teil einer Dachkonstruktion aus Holz, Stahl, Leichtmetall oder Stahlbeton, nimmt Gesamtlast eines Binderfeldes (wie Eigen-, Schnee- und Windlast) auf und überträgt sie über das Auflager in die Wandkonstruktion bzw. in die Pfeiler, auf der bzw. denen sie liegen. Binder sind meist in gleichen Abständen quer zur Längsrichtung des Daches angeordnet. Die Form ist abhängig von Dachform und -neigung sowie der Stützweite.
Binder Hauptbahnhof:

Gekrümmte Tragbinder: Quer- und Längshalle;
Abschlußbogenbinder: Abschluß der Querhalle zu den Längsbahnsteigen;
Soffittenbinder: Hauptbinder, über der Querbahnsteighalle, die kulissenartig tief heruntergezogen waren;
Zwischenbinder: zwischen den Hauptbindern angeordnet;
Fachwerkbinder: Konstruktion in Dreiecksverbindungen für z. B. Hallendächer an den Längsbahnsteighallen;
Polouceaubinder: in Frankreich entwickelte spezielle Form des Fachwerkbinders zur Überbrückung größerer Spannweiten, seit etwa 1840 vor allem im Fabrikbau im Einsatz.

Dreigelenkbogen
gekrümmter, gegen die Widerlager abgestützter Stab (Bauteil) mit zwei Fußgelenken und einem Scheitelgelenk.

Gelenk
Auflager oder frei drehbares Verbindungselement von zwei Konstruktionsgliedern (Bauteilen), das nur Längs- und Querkräfte überträgt.

Gründung / Fundament
Bindeglied zwischen Bauwerk und Baugrund, welches auf das Bauwerk wirkende äußere Lasten und sein Eigengewicht auf den Baugrund überträgt.
Man unterscheidet:
1. offene Gründung im Trockenbau
2. offene Gründung im Wasser
3. Pfahlgründung (Ramm- und Bohrpfahlgründung)
4. Schachtgründung
   a) Brunnengründung
   b) Pfeilergründung
   c) Druckluftgründung (Senkkostengründung)
   d) Gefriergründung

Gruppenpfeiler
Stützpfeiler, der aus mehreren Teilen zusammengesetzt ist, von denen jedes einzelne die ihm zugewiesenen Lasten tragen muß.

Hängewerk
Dach- oder Brückenkonstruktionen, die das Überspannen weiter Öffnungen durch nicht unterstützte Balken (Hängebalken) ermöglicht. Eigen- und Nutzlast werden im wesentlichen – dadurch auf Zug beansprucht – durch senkrechte Hängesäulen und schräge Druckstreben auf die Balkenauflager übertragen. Der querliegende Streckbalken wird an die Hängesäulen angehängt. Je nach Anzahl der Hängesäulen gibt es einfaches, doppeltes oder dreifaches Hängewerk.

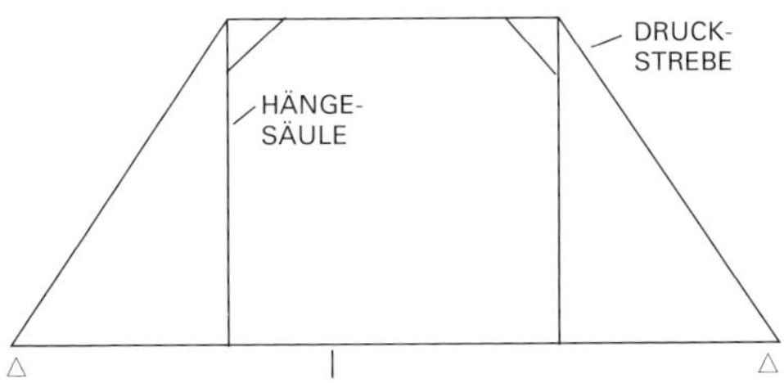

Lehrgerüst
Traggerüst zur Führung der Schalung und Aufnahme der Lasten der eingeschalten Konstruktion von Beton- und Stahlbetonbauwerken sowie von Stahlsteindecken. Ferner dient es der Lastaufnahme und der Formgebung bei Gewölben und Bogen.

Pfeiler
stützendes, meist rechteckiges Bauteil oder Mauerkörper, dient zur Aufnahme der Last auf ihm ruhender Träger, Bogen, Gewölbe usw.; entweder freistehend (Brücken-, Strebenpfeiler) oder an der Wand hervortretend (Wandpfeiler).

Pfetten
parallel zu First und Traufe liegender Teil der Dachkonstruktion (Fachwerkpfetten aus Fachwerk bestehende Pfetten zur Aussteifung des Tragwerks).

Rahmen
tragende Konstruktion mit biegesteifer Verbindung zwischen Stielen und Riegeln.

Schürze
lotrechter Abschluß der Längsbahnsteighallen nach außen, Glas-Stahl-Konstruktion.

Senkbrunnen (auch Brunnen)
heute wenig gebräuchliche Form der Tiefgründung, wenn tragfähiger Boden erst in größerer Tiefe vorhanden ist. Ein Kasten mit rundem oder eckigem Grundriß, der oben und unten offen ist, wird dabei abgesenkt. Dies geschieht durch Ausschachten bzw. Ausbaggern unter gleichzeitigem Aufmauern der Wandung, wobei der Kasten durch sein Eigengewicht immer tiefer sinkt. Ist tragfähiger Baugrund erreicht, wird der Senkbrunnen mit Beton verfüllt.

Steg
- Querschnittsteil von Formstählen, genieteten und geschweißten Trägern, auch von hölzernen Trägern zwischen beiden Gurten oder Flanschen;
- aus der Untersicht einer Stahlbetondecke vorstehender Teil eines Plattenbalkens.

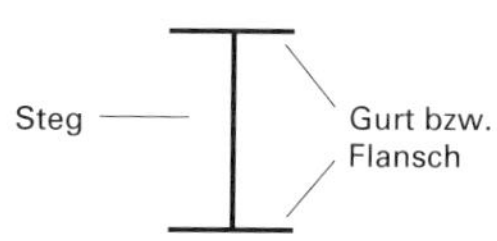

Strebe
geneigtes Konstruktionsglied aus Stahl, Stahlbeton oder Holz zur Aussteifung eines Bauwerks oder zur schrägen Ableitung von Kräften, führt zur Erhöhung der Standsicherheit.

Unterzug
Träger zur Aufnahme von darüberliegenden Lasten, z.B. einer Wand oder einer Decke als selbständiges Tragglied ohne mit derselben stets verbunden zu sein.

U-Stahl
Stab- oder Formstahl mit U-förmigen Querschnitt; Verwendung im Stahlhochbau in Dachpfetten, in Fachwerkwänden, paarweise zu Stützen und zu Gurtungen und Füllungsstäben von Dachbindern, hier als Zügelkonstruktion zur Stabilisierung der Abschlußbogenbinder.

Zugband
Ein Verbindungsstab zwischen den Fußgelenken von Bogenträgern (z. B. Brandenburgische Brücke) oder Rahmen, der den Horizontalschub dieses Tragwerkes auf die Auflager aufhebt, in dem er ihn als Zugkraft aufnimmt.

Abkürzungen für Lokomotiven und Triebwagen

E = Elektrolok

ET = Elektrotriebwagen

V = Diesellok

VT = Dieseltriebwagen

SVT = Schnelldieseltriebwagen

LVT = Leichtdieseltriebwagen

Bildquellen

Deutsche Bauzeitung (in Klammern Erscheinungsjahr):
56 (1891), 64 (1907), 72 (1907), 115 (1912), 117 (1912)

Katalog der ausgeführten Arbeiten der Firma »Max Pommer« (ca. 1914):
116

Katalog »Kell & Löser Eisenbetonbau Berlin. Bauausführungen im Hoch- und Tiefbau (Bauten bis 1914)«:
125, 137

Leipzig und seine Bauten (1892):
36, 37, 42

Leipziger Beobachter (1937):
20

Leipziger Neueste Nachrichten (1935):
144

Neue Leipziger Zeitung (1935):
133

Neumeister, A. (Hrsg.): Deutsche Konkurrenzen (1/1907):
76, (Mitte), 77

o. V., Die Eröffnung der Leipzig-Dresdner Eisenbahn (1837):
7, 27

Reclam Universum (1913):
123

Sammlung Adler:
11, 18, 21, 33, 40, 140, 160, 161 (unten), 162, 163, 168, 173, 174, 178, 180, 181, 182, 183, 184, 189

Sammlung Hofmeister:
38, 109, 156

Sammlung Roland Mittmann
185

Stadtgeschichtliches Museum der Stadt Leipzig, Bibliothek:
46f., 139, 146, 147, 149, 150, 152, 157, 159, 161 (oben)

Zeitschrift »Armierter Beton« (1912):
111 (mit Zusätzen der Verfasser)

Zeitschrift für Bauwesen (in Klammern Erscheinungsjahr):
74 (1922), 75 (1922), 92 (1922), 100 (1909), 101 (1909), 104 (Sonderdruck 1922), 106 (1922), 110 (1922, mit Zusätzen der Verfasser), 120 (1922), 128 (1922), 130f. (Grundlage Zeitschrift für Bauwesen, 1922)

Zeitschrift »Profanbau«:
76 (unten)

Zentralblatt der Bauverwaltung (in Klammern Erscheinungsjahr):
65 (1907), 84 (1912), 85 (1912), 103 (1907), 108 (1912), 132 (1915)

Da trotz aller Bemühungen die Rechtsinhaber einiger Bilder nicht zu ermitteln waren, bitten wir die Personen, die berechtigte Forderungen geltend machen können, sich an den Verlag zu wenden.

Zu den Autoren

Harald Adler,

geboren 1935 in Wiederitzsch bei Leipzig. Arbeit als Maschinenschlosser und Kaufmann, Journalistik-Studium, schließlich Pressesprecher der Direktion Halle/Saale der Deutschen Reichsbahn. Lebt heute als freier Autor und Journalist in Leipzig.

Herold Hofmeister,

geboren 1951 in Thüringen. Studium an der Hochschule für Bauwesen Leipzig und anschließend dort wissenschaftlicher Mitarbeiter. Intensive Beschäftigung mit der Baugeschichte des Hauptbahnhofes Leipzig. Mehrfach Publikationen zur Geschichte des Bauingenieurwesens in Sachsen. Lebt heute in Leipzig und ist beim dortigen Hochbauamt angestellt.

Leipzig auf die Zunge gelegt

Sinnlich serviert der Dichter Andreas Reimann mit seiner Begleiterin (Ulla Heise A.d.V.) ein lukullisches Lob an die Buch- und Messestadt Leipzig. Essen und Trinken werden im 24-Stunden-Takt in vielen Haupt- und Nebengängen aufgetragen, gewürzt mit literarischen Schmankerln und Büfett- und Tresen-Anekdoten. Fotos und Illustrationen geben Kunde vom Ruhm und Ruf der sächsischen Metropole. Der Streifzug durch fünf Jahrhunderte führt in die Gegenwart, und die wird sehr direkt mit ihren Veränderungen für Gewerbe und Gäste ins Visier genommen. **OTZ 10/93**

Ulla Heise,
Kathrin Frančik,
Andreas Reimann:
Leipziger Allerlei –
Allerlei Leipzig

Ein leicht bekömmliches Lesebuch vom Essen und Trinken aus fünf Jahrhunderten

208 Seiten mit 32 Abb. und zahlreichen Kochrezepten
34,00 DM
Format 14,5 x 21,5 cm
Gebunden
mit Schutzumschlag
ISBN 3-86151-044-8

Oktober 1989 bis Oktober 1990 – atemberaubende Geschichte

[...] eine sorgfältige Chronologie der Leipziger Ereignisse zwischen erstem Protest und Wiedervereinigung [...].
17 Fotografen haben Historisches und Banales, Begeisterung und Enttäuschung, die Schnellebigkeit und Widersprüchlichkeit jener Zeit in ihren Bildern eingefangen. **Der Tagesspiegel**

Zwischen dem Alltag des Vereinigungsprozesses und dem der Zweistaatlichkeit lagen aufregende Momente des Umbruchs, eine Übergangsphase, die in der Erinnerung zunehmend verblaßt. Dieses »Noch-nicht« und »Nicht-mehr«, das auf dem Nikolaikirchhof der »Heldenstadt« Leipzig begann, ist nun anhand einer Chronik vom Oktober 1989 bis zum 3. Oktober 1990 noch einmal zu besichtigen. **Deutschland Archiv**

Von Leipzig
nach Deutschland

Oktober '89/Oktober '90
Zeittafel und Fotografien

Vorwort von Stadtpräsident
Friedrich Magirius
Nachwort von
Heinz Czechowski

192 Seiten
168 s/w Fotografien
29,80 DM
Format 17 x 26 cm
Gebunden
ISBN 3-86151-012-X